上山春平と新京都学派の哲学

菅原潤

晃洋書房

目次

第四章　比較文明史構築に向けての対話
——今西錦司、梯明秀、高山岩男……82

第五章　「神々の体系」と「古層」論（丸山真男）
——それぞれの天皇制との対決……137

エピローグ　新京都学派からみた人文系の未来

プロローグ　今なぜ、上山春平なのか

人文系の危機？

一部の人たちにとって重要な話題のなかに、「人文系の危機」というものがある。事の発端は二〇一五年六月八日に下村博文文科相（当時）が、第三期中期目標・中期計画（二〇一六～二一年度）の策定にあたって、全国の国立大学法人の教員養成系や人文社会科学系の学部・大学院の廃止や転換に取り組むよう通知したことに始まっている。

この通知に対する国立大学を中心とする人文系教員の猛烈な反発を受けて文科省は、六月八日付の通知で名指しされている「人文社会科学系」とは、教員養成系の学部・大学院のなかで教員免許取得を卒業要件としていない課程に関わるもので、人文社会科学系の学部・大学院には当てはまらないと釈明した。けれども二〇一七年四月二五日に政府が主宰した経済財政諮問会議の報告によれば、一部の委員が経営の苦しい私立大学と経営の安定している国立大学との統合を提案していた。このことは二〇一八年三月二五日の文科省の発表では、地域ごとに一般社団法人を設立し、その枠組みのなかで国公私大を経営する方針が示されることで大枠が固まり、その余波は文系の学部を多く抱えた私立大学にまで波及している。

以上のような状況は、ジャーナリズムでも盛んに取り上げられている。例えば『中央公論』の二〇一六年二月号では巻頭特集に「国立大学文系不要論」が掲げられているし、『現代思想』の二〇一五年一一月号と二〇一六年一一月号はそれぞれ、「大学の終焉——人文学の消滅」と「大学のリアル——人文学と軍産学共同のゆくえ」をそれぞれテーマとしている。視線を書籍に転じれば、室井尚『文系学部解体』(角川新書)が二〇一五年に、吉見俊哉『「文系学部廃止」の衝撃』(集英社新書)が二〇一六年に刊行され、いずれも異例の売り上げを記録している。

(三) 学生たちの反応

日常的に大学の行政に関心のない多くの人たちは、こうした議論の白熱ぶりに恐らく奇異の念を抱くことだろう。なぜならいわゆる人文社会科学系の学部に所属していた現在の二〇代から四〇代が就活した際に、面接で訊かれて言葉に窮するのは、「大学で何を勉強しているのですか」という質問だからである。そしてこの問いは会社の面接官だけでなく、学生および元学生自身も発したいのではないだろうか。

もちろんこのように状況が逼迫するまで、人文社会系のすべての教員が手をこまねいたわけではないだろう。これまでの人文社会のカテゴリーに収まらない分野を開拓し、その研究者の養成に心を砕いていた教員は多く、その人たちの努力には大いに敬意を表したい。けれどもその人たちの企てはあくまでも大学院を志望する学生に向けてのものであり、大学院に行く気がない(あるいは行こうと思ったけれども断念する)多くの学生にとってはほとんど意味はなく、それどころかそうした企ての多くは実社会と何の接点もないと見られている。それゆえ多くの(元)学生たちは、こうした雑誌の特集や新書の提起する問題を、単なるメシの種の問題だと一蹴しているように思われる。

危機を感じている分野

ここで少し目線を変えて、果たして人文社会系の教員のすべてが危機意識を感じているのかを探ってみたい。言い方を変えれば、人文社会系のある特定の分野の教員が危機意識を声高に訴えているのではないかという疑念である。雑誌の特集の寄稿者の仕事を逐次チェックするのは煩瑣になるので、先に挙げた二冊の新書の著者の肩書と専攻分野を見ておきたい。室井が横浜国大都市イノベーション研究院建築都市文化専攻の教授であるのに対し、吉見は東大情報学環の教授であり、専門はカルチュラル・スタディーズ（通称カルスタ）とされている。

二人の肩書と専攻分野から浮かび上がるのは、アートないし建築とカルスタという、伝統的な学問区分からみれば（建築はそうでもないが広くインテリアなども含めて考えれば）敷居の低い、言い方はよくないがお手軽な人文系の学問分野だということである。アートについて言えば東京都現代美術館が一九九五年にロイ・リキテンスタインの油彩画『ヘア・リボンの少女』を高額購入するにあたり「税金でマンガを買うのは何事か」との不満の声が都民のあいだで上がったし、建築については新国立競技場のデザインとして一時期ザハ・ハディド案が採用されたものの、建設費があまりに高額であるため撤回されている。またアートと建築の中間的形態の話になるが、二〇一八年八月より福島市に、鉄腕アトムを連想させる放射線防護服姿の子どもをかたどった滑稽味のある、ヤノベケンジ作の「サン・チャイルド」と称される巨大モニュメントが市関係の施設で恒久展示された途端、市民より被災者の神経を逆なでするとの非難が多く寄せられたのを受け、撤去する旨が表明された。これらに共通するのは、作品の見た目がお手軽なのとは対照的に芸術的に価値が高いと認定されるため、専門家がいくら丁寧にその理由を説明しても一般の人々が納得できないところにある。

何となく分かっているようでよく分からないカルスタについても、説明を施しておく。カルスタとは二〇世紀後半のイギリスで始まった社会学・文学理論・メディア論・文化人類学などの知見を領域横断的に利用しながら、サブカルチャー（大衆文化）を研究するというものである。その特徴としては一見すると政治とは無関係な文化現象から人種・階級・ジェンダーといったイデオロギー装置を暴露するところにあるが、マルクス主義に関心のない人たちにとってはそのような説明を受けても大衆文化を研究することの意味がなかなか理解しにくい。そういった手合いのものの研究はアートないし建築ほどは金がかからないものの、大衆文化を金をかけてまでして研究する価値があるのかという疑念は根強く存在する。

「東洋系」の特徴

アートやカルスタの悪口を書き連ねているという印象があるかもしれないが、「人文系の危機」を訴える分野がどこなのかという原点に立ち返って、冷静に受け止めてもらいたい。少し考えると容易に知られるのだが人文系、ありていに言えば文学部のなかの主要な分野と目されるはずの東洋系の学問、具体的に言えば国文学・国史・中国文学・中国思想・東洋史・東洋美術史・インド学・仏教学などから「人文系の危機」を訴える声は一向に聞こえてこない。とりわけ難解なサンスクリットの習熟が必須なインド学から、そういう声がほとんど出ていない。世間的に日本史に対する関心に根強いため、本能寺の変や関ヶ原の合戦の研究者たちは、文科省よりそれらの研究は無駄だと言われるとは到底思わないし、もしそう言われても世間の無言の後押しを信じて黙々と研究にいそしむことだろう。こうしてみると「人文系の危機」とは人文系一般の危機ではなく、西洋の言語の習得を必要とする学問分野の危機の訴えであることが判明する。

それでは東洋系の学問は、どうして「人文系の危機」を訴える気が起きないのだろうか。その理由は恐らく、西洋の学問に比して国情に合った方法論が確立されているからだと思われる。かつて評論家の唐木順三は、教養主義の底の浅さの原因を「型の喪失」に求めていた。それによれば近世までの日本には四書五経などの習得すべき古典の規範が存在し、それらをマスターすれば自ずと見識が得られるような型があったのだが、明治以降の日本は近世に匹敵するような型を西洋文化から獲得していないということである。また維新直後にわが国に押し寄せた文明開化の荒波を考慮すれば、明治初期の東洋系の学問こそが危機に瀕していたのであり、この時期の「東洋系の危機」に較べれば昨今の「人文系の危機」などは学問領域の存亡に関わるものではなく、大学の制度設計という問題に矮小化されるのかもしれない。

東西の古典語の習熟を目指す教養教育へ

唐木が話題にしていたのは大正から昭和初期にかけての教養主義に限定されており、厳密に考えれば昨今のアートやカルスタは彼の射程から外れるのだが、西洋の言語の習得を必要とする学問分野がなかなか定着しないために、アートやカルスタを介して領域横断的な試みを模索しているとも言えるわけで、唐木の言う「型の喪失」が現在言われている「人文系の危機」を招いているのではないか。

こうした根無し草的な「人文系」に代わる教養として、唐木は木下杢太郎が唱道したギリシア・ラテンをベースとした古典語の習得を勧めている。詳しくは拙著（『旅する木下杢太郎／太田正雄――グローバル時代の二足の草鞋』晃洋書房、二〇一六年）を参照してもらいたいが、東洋であれ西洋であれそこで古典語とされている文献に習熟していれば、自ずと（東洋にとっては西洋、西洋にとっては東洋という）異文化を理解する素地が築かれるというのが、杢太郎＝唐木の考え方である。この考え方はグローバル化した現在の教養教育でも有効だと思われるが、本書で追求したいのは杢太郎＝唐木が見過ごしていた哲学の役割である。

「人文系」と哲学

私見によれば幸いなことに哲学は、唐木順三の言うところの「型の喪失」の批判から免れていると思われる。先ほどの考察により「人文系の危機」で言われている「人文系」とは西洋の言語の習得を必要とする学問、およびこれに関連する領域横断的な学問分野であることが判明したが、哲学をこうした分野に必ずしも含める必然性はない。哲学研究者（「哲学者」との違いは第五章で述べることとする）が学会においてしかるべき地位を固めてから、日本哲学史の研究に勤しむという例は少なくないが、例えば西洋史の研究者は言語習得上の制約があるため、同じように国史や東洋史に対する関心を向けるということは想定しづらい。このように哲学が西洋の言語の習得の必要性にそれほどこだわらない理由は、京都学派の西田幾多郎や田辺元がそれぞれ「行為的直観」や「懺悔道」を主張し、（日本独自というよりは）日本人ならではの着想で世界に発信する哲学の「型」を形成しつつあったからである。つまりは唐木が評価する東洋系の学問の方法論を援用するかたちで、東西のいずれかに分類されることを求めない学問のかたちを京都学派の哲学者たちは模索していたということである。

残念ながら両者の仕事は、戦後は一五年戦争時の戦争協力の問題に絡め取られてほとんど顧みられることはなく、いわゆる「人文系」の一環として見られることが多くなったのだが、他方で先述の西田と田辺の出発点がそれぞれ数学と物理学であることも、注意すべき事柄である。カルスタは領域横断的といってもあくまでも文系の領域の内部にとどまっていて、文理横断的な射程を有していない。これに対して哲学のみがいわゆる「人文系」とは違って理系の研究と連携できる余地を残している。こうした事情を総合的に勘案すれば、哲学は「人文系」という泥船からいち早く脱して、新たな文理融合的な分野のなかで位置づけられるべきではないかというのが、今後のあるべき道筋だと思われる。

人文社会研究所という存在

実はすでにそういう試みは戦後間もなくして始められたのであり、それこそが上山春平および、上山が長く所属していた京都大学人文科学研究所（通称人文研）に他ならない。この人文研は今しがた話題にした危機にある「人文系」と深い関わりがありそうなので、その組織について少し詳しく見ておこう。

京大人文研には三つの前身組織がある。それは東方文化学院京都研究所、ドイツ文化研究所、そして同名の人文科学研究所である（混乱を避けるためこちらを一時的に旧・人文研、戦後の組織を新・人文研と呼ぶことにする）。このうち東方文化学院研究所は義和団の乱の賠償金を資金に設立された外務省の管轄だったが、後に東京研究所から独立した際に京大に移管され、東方文化研究所に改称されている。敗戦後はドイツ文化研究所は西洋文化研究所と名称を改め、これに旧・人文研と東方文化研究所が合併するかたちで新・人文研が誕生した。

こうした設立までの経緯ゆえに、新・人文研は「東洋系」の学問と強く結びついていた。このことは当初の組織が日本部と東方部と西洋部に分かれていたことでも明らかであり、このうち西洋部を管轄した桑原武夫が上山春平を人文研に招聘した人物として特筆すべき存在である。また人文研のなかには今西錦司や梅棹忠夫といった、通常の分類では理系に所属する研究者は東方部に関わっていたが、その事情については後述することとし、まずは上山春平がどのような仕事をしてきたのかを、その著作集を通覧して判断したい。

著作集の異様さ

法藏館より刊行された『上山春平著作集』全一〇巻を通覧して真っ先に感じられるのは、一読するだけでは全巻を貫徹する哲学的モティーフが容易に見出せないことである。参考までに各巻に掲げられたテーマを挙げれば、哲学の方法（第一巻）・歴史の方法（第二巻）・革命と戦争（第三巻）・天皇制のデザイン（第四巻）・神と国家（第五巻）・日本の深層文化（第六巻）・仏教と儒教（第七巻）・空海と最澄（第八巻）・創造的な思想家たち（第九巻）・日本文明史序説（第一〇巻）というラインナップであり、純然たる哲学的問題を扱っているのは、第一巻のみとしか思えない。むしろ第四巻から第八巻までに注目すれば、上山とは日本の古代史に興味のある思想家ではないかと受け止められるかもしれない。

以上のような疑問は、上山が長年所属していた組織が京大人文研であることが知られれば直ちに氷解する。第一〇巻の巻末にある全巻展望によれば、上山は一九五四年に採用されてから八四年に退職するまでの三〇年のあいだ、所属する西洋部の枠にこだわらずに四つの共同研究に従事した。それは一九五三年から五七年までの桑原を班長とする「一八世紀思想とフランス革命」、一九六三年から六六年までの今西を班長とする「人類の比較社会学研究」、一九七〇年から七五年までの田中謙二を班長とする「朱子研究」、そして一九七五年から八〇年までの林巳奈夫を班長とする「先秦時代文物の研究」であり、これらの研究課題と照合すれば、第三巻は桑原チーム、第六・九・一〇巻は今西チーム、第七巻は田中・林チームに属した際の研究成果だと判明する。このうち創造的な思想家たちを扱う第九巻が生態学者の今西錦司とどう関係するのかと訝しく思う向きもあるかもしれないが、この巻では今西本人が「創造的な思想家」として論じられている。

科研費研究の先駆け

こうして見ると、人文研において上山がおこなっていたことは今で言う科学研究費（略して科研費）の活動の前身であることがわかる。事情を知らない向きに説明すると、科研費とは日本学術振興会が交付する補助金であり、異分野との兼ね合いで共同研究する方が採用される確率が高いとされていて、基礎的な研究費を穴埋めするための競争的資金としてとりわけ国立大学で重宝がられているものである。九月から一〇月にかけて大学教員たちが科研費の書類作りに奔走する姿は、夏休みのオープンキャンパスと年明けの入試業務と並ぶ大学の風物詩となっている。私見によればこの科研費獲得に向けての活動のなかで、人文系の教員の人間関係がいびつになってきているわけだが、これについてはエピローグで詳しく語ることにする。

このように考えれば、古巣の京大に戻ったにも関わらず、専門の哲学の仕事から離れて共同研究に勤しむ上山の姿は、「人文系の危機」の後に遠からず到来する文理融合研究に関わらざるを得ない哲学教員の先駆けだと受け取れるだろう。しかも上山はこの共同研究を、心ならずの仕事として受け止めている様子を微塵にも見せていない。それどころか上山は若き日に専念したパースをはじめとするプラグマティズムの応用篇として、共同研究を理解しているとも思われる。そういう意味で上山の仕事は今後の文理融合研究の見本として見ると同時に、その名も「人文科学研究所」が拠点となったことを考慮しつつ、今後の「人文系」のあり方を考察するうえでの何らかの道標になるのではないかというのが、筆者の考えである。

「新京都学派」とは何か

ここまで見てくれば、上山春平という必ずしもメジャーではない哲学者を本書で論じることの意義も了解できると思うが、それではタイトルで掲げている「新京都学派」とは何か、またこれは上山の所属していた京大人文研とどういう関係になるかが気になることだろう。この問題について少し立ち入って考えておく。

「新京都学派」という言葉をはじめて目にする読者も多いと思われるが、それはそのはずで筆者が柴山哲也『新京都学派──知のフロンティアに挑んだ学者たち』(平凡社新書、二〇一四年)から借用した語である。それによれば「京都帝国大学の西田幾多郎の周辺に集まった一連の哲学者の学風を京都学派と呼んだ」のに対して「戦後、新しくスタートした京大人文科学研究所の学際的な学問スタイルを指す」呼び名が新京都学派である。そしてこの学際集団のリーダーとして桑原武夫、貝塚茂樹、今西錦司、上山春平、梅棹忠夫、梅原猛、鶴見俊輔の名が挙げられている。

こうした柴山の見方にはほとんど異存はないが、こと京大人文研の活動に限定して言えば、先日惜しまれつつなくなった梅原猛は人文研のメンバーというよりはむしろ、その発展的形態である国際日本文化研究センター(通称日文研)のリーダーと見る方が適切だろう。もちろん梅原は人文研のメンバーと深い交流をしているのだが、貴種流離譚やアイヌ文化などに傾倒する梅原独特の学風を受け継いでいるのは、日文研に属する山折哲雄、安田喜憲、井上章一といった梅原より若い世代である。また人文研と較べて日文研の方が、かえって理系との提携をしない文字通りの「人文」的なまとまりをしているので、人文研のなかで梅原はやや傍流だと見るべきだろう。梅原自身、人文研とは一線を画す発言をおこなっているが、これについては第五章で話題にすることとする。

そのように考えれば、「京都学派」というすでに確立した術語と混同されやすい「新京都学派」を用いずに、例えば「人文研学派」とでも呼んだ方がいいと思う読者もいると思うが、筆者は密かに上山春平を「京都学派」の発展形態だと考えたいので、あえて混同されやすい「新京都学派」を書名として用いることにした。それは学際的研究とは異なる、純然たる二つの哲学的理由によるものである。

戦前と戦後をつなぐ視点

その一つは上山が、戦後の京都学派の隠れた後継者と見なすことができるのではないかという想定に基づくものである。詳しくは前著（『京都学派』講談社現代新書、二〇一八年）を参照してもらいたいが、西田幾多郎→田辺元→西谷啓治という流れを京都学派の正統とみなす多数派の見方に対し、人事上のつながり等々を考慮すると、田辺の後継者は西谷ではなく高山岩男ではないかという見方を対置したい。高山と言えば悪名高い座談会「世界史的立場と日本」の参加者であり、またこの座談会のベースとなっている『世界史の哲学』の著者でもあるため決してその評判は芳しいものではないが、こと高山の歴史哲学的構想に関しては今日のグローバリゼーションの理解に役立つものが散見され、またその一部は上山の日本文明史の発想にも引き継がれていると思われる。また上山は敗戦直前に京大に入学した梅原とは違って、戦時中に田辺のもとで卒論を提出した事情もあり、京都学派の学風を周知したうえで人文研の共同研究に挺身していたという点も強調したい。

もう一つの理由は、新京都学派が戦前の京都学派と戦後思想を媒介する役割を果たすのではないかという推測に基づいている。しばしば戦後思想のチャンピオンと言われる丸山真男や独特の中国理解を提示した竹内好は三木清や座談会「近代の超克」から大きな影響を受けていると言われているが、他方で人脈的に彼らを京都学派と結びつけるものはないとこれまで見られてきた。けれども新京都学派のリーダーとして数えられる鶴見俊輔が雑誌『思想の科学』を通じて丸山と竹内につながるということと、京大人文研の人事において鶴見の後任に桑原武夫が上山春平を指名したことを考え併せた上で、鶴見と上山の共通の関心事であるプラグマティズムを介在させれば、これまで別々のものと見なされてきた京都学派と戦後思想を連続的な視点で論じる可能性が開かれるのであり、その意味で上山は二〇世紀の日本哲学史を通覧するなかで重要な位置を占めると思われる。

なお上山の周辺にいる桑原と鶴見は、いわゆる「人文系の危機」を声高に叫ぶ研究者の主要な研究分野であるカルスタに近い仕事もしている。このことと人文研におけるさまざまな学際的業績を突き合わせれば、二一世紀の人文系の姿というのも自ずから見えてくるのではないかと考えている。

本書の構成

これらの事情を受けて本書では、上山春平の思索の軌跡をたどることによって、戦前の京都学派と戦後思想を切り結ぶ視点を獲得すると同時に、その学問構想を通じて二一世紀の文理融合型研究のかたちを模索したい。第一章では京大哲学科を卒業直後に入隊した人間魚雷回天に乗船し、そこで九死に一生を得た経験が上山の思索を決定づけたことを力説する。第二章では桑原武夫と鶴見俊輔という偉大な二人の先達を介して京大人文研に着任するまでの経緯を論じ、あわせて桑原と鶴見の今で言うところの「カルスタ」の原型めいた仕事を評価したい。

第三章からは上山のオリジナルな思想をみていくこととする。まずは人文研のもう一人の重要な先達である梅棹忠夫の「文明の生態史観」が論壇におよぼした影響を論じるとともに、そのなかで上山が唯物史観と生態史観を架橋する独特の文明史を模索する過程を注視してゆく。第四章では上山の文明史の構想から京都学派の高山岩男の『世界史の哲学』と左派に属する梯明秀の自然史との異同を考察することとする。第五章では上山の『神々の体系』と丸山真男の天皇制理解との関係を見て行きたい。周知のように丸山は一九四五年八月六日に広島に原爆が投下された直後に広島入りして入市被爆をしており、この二人の戦争体験者が愛憎半ばする天皇制にどう向き合っていったかに肉薄したい。

これらを踏まえてエピローグでは、上山独特のハイポサイエンスの構想および、梅棹の提案する研究のあり方などを概観することで、「人文系の危機」に煽られて見失われがちな哲学研究者の生き残りの方策を探ることとしたい。

第一章　人間魚雷回天までの軌跡

学徒出陣について

全一〇巻からなる『上山春平著作集』（法藏館、一九九四〜九六年）には上山本人の手による詳細な年譜が掲載されているので、しばらくはこの年譜にしたがって彼の足跡をたどりたい。というよりも著作集には通常なら当人の友人や知人のエッセーが収められる月報が一切なく、各巻の解説も上山本人が書いているのだから、本人の証言だけで追跡しなければならないことを、あらかじめ断わっておく（なお上山からの引用は著作集からであり引用の末尾に巻数と頁数のみを示し、参照についての記述は省略する）。

上山春平は一九二一年に当時は日本の植民地だった台湾で誕生した。父・正雄は和歌山県出身で、一八九九年に台湾に渡って当地の日本人女性の植村マキと結婚し、二男五女をもうけた。春平は末子である。中学校時代の上山の関心事は人文地理にあり、その理由は人文地理が「自然科学と人文科学の接点みたいな問題」を「鳥瞰的にみせてくれる」からであり、例えば「日本がそばにあって、むこうにヨーロッパがある、といったぐあいに、遠近法でみていたのが、なにか日本とヨーロッパをならべて上から見るような、そういう見方を教えてくれる」からである。上山自身が認めるように、ここにはすでに第三章で話題にする梅棹忠夫の提唱する生態史観を先取りするような見方が提示されているが、人文地理では人間の問題にアプローチできないことに気づいてからは、哲学へと関心を切り替え、高校時代には我流でカントのカテゴリー論を研究しはじめた。

高校卒業後は京大文学部に入学し、哲学科に所属、高校時代より温めていたカント研究を田辺元の指導のもとで完成させ、一九四三年九月に卒業する。翌一〇月には海軍予備学生として横須賀第二海兵団に入団する。その後四五年の敗戦まで上山は人間魚雷回天の乗組員として訓練し二度出撃するが、その事情を記す前に秋季入学が取りざたされる今日ならいざしらず、九月という中途半端な時期に修業した理由を述べておきたい。

ここには学徒出陣という特別な事情が絡んでいる。周知のように戦前の日本には徴兵制が敷かれていたが、大学生と専門学校生には徴兵猶予の特典が与えられていた。ところが日中戦争の膠着状況に続いて一九四一年に太平洋戦争が勃発し戦線が拡大された影響で、この特典が急速に見直されることになった。まずは一九四二年に修学年限が六か月短縮され、九月卒業・一〇月入隊の措置が取られた。

翌四三年になると在学徴集延期臨時特例が交付され、理工系と教員養成系を除く文科系の学生の徴兵猶予が撤廃されることになった。上山の早期卒業と入隊は、こうした一連の措置に合わせてのものである。後述する田辺の講演『死生』との対比で書き記すが、阿部次郎は修学年限の変更に抗議して、就任したばかりの法文学部長の職を辞している。

同年一〇月二一日には明治神宮外苑競技場で出陣学徒壮行会が決行され、土砂降りの雨のなか軍服に身を包んだ多くの学生たちが分列行進曲に合わせて行進するという、悲壮感漂う映像が残されている。ちなみにそれから約二〇年後に外苑競技場は陸上競技場に模様替えし、第一回目の東京五輪の開会式がおこなわれたので、往時を知っている多くの視聴者は入場する日本選手団と出陣学徒を重ね合わせて、平和のありがたさをしみじみ感じていたと伝えられている。

初期のカント研究

上山の学術研究に話を戻したい。先ほど高校時代からカントのカテゴリー論を研究していたと書いたが、それがどういう手合いのものかに興味が湧くところである。諸般の事情によりこの時代の論考を上山は残念ながら公表していないが、幸い本人が言うには論文「カントのカテゴリー体系」(一九七二年)にはその名残が認められるというので、こちらを参照して考察したい。まず上山は、カントが大学で論理学を講じるにあたって、三〇年以上もライプニッツ＝ヴォルフ学派系統の教科書を用いていた事実に注目する。その教科書はアリストテレス以来の伝統的論理学の手法にのっとって、全体を原理論と方法論に二分し、さらに原理論を概念論と判断論と推理論に三分しているのだが、こうした教科書の構成があの『純粋理性批判』の構成に類似しているのではないかと、上山は思いいたった。というのも『純粋理性批判』は教科書と同様、原理論と方法論の二部構成であり、また原理論から分岐する論理学には概念の分析論と原則の分析論と弁証論という具合に、概念論から推理論までの教科書の構成にほぼ対応しているからである。

次いで上山が注目するのは、『純粋理性批判』に見られる「先験的トピカ」という表現である（現在では transzendental の訳語として「超越論的」が定着しているが、ここでは上山の文脈を尊重して「先験的」を用いる）。周知のように「トピカ」はギリシア語で場所を意味する「トポス」に由来するが、アリストテレスが「トポス」という語を用いる場合は「さまざまな議論の出発点となる原則」という意味で使っているので「場所論という訳は適切とは言え」ず「むしろ、観点論くらいの方が、その内容にふさわしい」とされる。この点を踏まえれば、カントが「先験的トピカ」という語を用いる場合は、所与の概念が原理論の一方の分岐である感性に属するのか、それとももう一方の分岐である悟性に属するのかを論議するものと見なされる。

ここから上山は「先験的トピカ」から「体系的トピカ」を導出する、つまりは彼が言うところのカテゴリーを導出したいと考えるのだが、その際上山に立ちはだかるのは反省の問題である。周知のようにカントが『純粋理性批判』において原理論を感性論と論理学に二分するのは、カテゴリーを適用する悟性とカテゴリーを適用される感性の関係を反省するためだが、上山はカントよりさらに踏み込んで、感性と悟性をともに考察される側に置くこととする。そしてフッサールやベルクソンの議論を援用しながら、質料と形式という軸と内と外という軸を打ち出して、質・量・様相・関係を整理する。

以上の「カントのカテゴリー体系」の議論は、先述のように壮年期に達した上山が少年時代の論考を再構成したものなので、どこまでが当時のものか判然としないところがあるが、戦後になってパース哲学に開眼する素地になるものなので、フォローしておく必要があるだろう。

田辺元との関係

次に見ておかなければならないのは、恩師である田辺元との関係である。田辺は上山の研究テーマであるカントのカテゴリー論を集中的に研究した形跡が見られないが、科学哲学から純粋哲学に転換するきっかけとなった著作が『カントの目的論』であること、その後観念弁証法と唯物弁証法の対立を止揚するとした絶対弁証法を主張したことを勘案すれば、戦後『弁証法の系譜』（一九六三年）を著した上山の思想形成に大きな影響を及ぼしたと見なすのが自然だろう。

けれども上山と田辺の関係を考える際に決して見逃せないのは、京大哲学科を繰り上げ卒業して海軍に入隊した同じ一九四三年五月に、田辺が『死生』と称する講演をおこなって、出陣学徒を激励したという事実である。講演を聴き入っていた学徒たちのなかに田辺の弟子である上山春平が交じっていたことは、ほぼ間違いない。またこの講演は田辺の思想的立場である「種の論理」と密接な関係にあるので、やや立ち入って考察しておきたい。

まずは種の論理についてである。種の論理とは、普遍者を意味する「類」と、個別者を意味する「個」のあいだに「種」を設けて、三者のあいだの弁証法的関係を考察するものである。通常であれば普遍者と個別者を結びつけるものが「図式」とされるべきところを、あえてこれを「種」と名づけて「個」↓「種」↓「類」という論理的な関係に置き換えるところに、田辺の独創性がある。そもそも「図式」とは、カントが感性的直観とカテゴリー的把握という異種なるものを結びつけるために考案したものであり、ハイデガーは『カントと形而上学の問題』(一九二九年)において、これを自らの概念である「世界内存在」に結びつけて、ある種の空間的規定を持ち込んだ。

これらのことを念頭に入れつつ、『死生』の次の一節を読み解くことにしよう。

「決死」ということは、実際に死ぬことが生の中に取入れられることである。将来何時かは死ぬという観念的な覚悟の場合は、決死とはいわない。決死ということは、もっと積極的に実践して、死が可能としてではなく、必然的に起ることを見抜いて、我々がなおそれをあえて為す時にいうのである。これは実際に生を死の中に投ずることであり、生きていながら死を観念的に考えることではない。自分が安全な生にいながら死の可能性を考えることではない。必ず死ぬことがわかっていて、死は逃れ得ぬことを知っていて、なお為すべきことを為す、実践すべきことを実践すること、我々の生を向うの死の中に投ずることである。それは覚悟という言葉で言い現せない。よく似ているが本質的に異っている（『田辺元全集』第八巻、二五六～五七頁。以下「古層」論と神名を論じる個所などを除き、原則的に新字、現在かな遣いを用いる）。

ここで「個」＝人間、「種」＝国家、「類」＝神としてみよう。そうすると「個」＝人間にとって「種」＝国家は、死を賭して投入するものとなる。言うならば「個」＝人間は「種」＝国家のために死ぬべき存在となる。この点だけを強調すれば、田辺の種の論理は太平洋戦争における特攻を正当化する論理になるだろう。

他方で「個」＝人間が「種」＝国家のために死ぬだけならば、種の論理は「個」→「種」の二項関係で締め括られなければならない。けれどももう一つ「類」の項が残っていることの意味を、十分考えなければならない。「種」＝国家には「個」＝人間を否定する側面と同時に、「個」＝人間を生かす側面をも有している。それは「種」＝国家に殉ずることで「種」＝国家より上位の「類」＝神に近づくことを意味する。この視点からすれば「種」＝国家は「個」＝人間にとって通過点に過ぎず、最終的には「類」＝神において本当の生を得ることになる。したがって「類」＝神にとって「種」＝国家は、「個」＝人間の生死をめぐってある種の対立関係にあると言える。先ほど「種」が「個」と「類」の双方にとって否定的な関係にあると述べたのは、そういう意味でのことである。

こうした種の論理を、映画『永遠の０（ゼロ）』で広く知られるようになった、太平洋戦争末期の神風特攻隊を例として考えてみよう。当初隊員たちは片道のみの燃料で米国軍艦に激突する攻撃を、「種」＝国家のために殉じる行為として捉えていた。けれども殉ずべき「種」＝国家の命運が危うくなった戦局を知るにつれて、激突の攻撃を「種」＝国家より上位の「類」＝神、ありていに言えば日本国憲法第九条に象徴される戦争放棄のため、あるいは軍国日本から平和日本への転身のためのものだと捉え直すようになった。「種の論理」には、こうした二重性があることに十分留意しなければならない。

こうして見れば田辺の種の論理は、一般に見られるように特攻による戦死を正当化する論理ではなく、敗戦を介して新生日本へと転生する論理とも読めるわけで、戦後の田辺が掲げる「懺悔道」はこの観点で読まれるべきである。ただし出陣学徒として戦場に送り出された上山を含む若者たちは、少なくとも講演『死生』の内容をそこまで論理的に理解したわけではないだろう。また上山が田辺ら京都学派の態度をどう受け止めたかは後述することとし、ここからは、応召後の上山と戦友・和田稔との関係を見ておきたい。

光基地での出会い

人間魚雷回天は神風特攻隊よりも知られていないので、多少説明を施しておく。回天とは魚雷の本体に一人分のスペースを空け、簡単な操船装置や襲撃用の潜望鏡を設けたもので、言うならば人力の操作で敵艦に突入する兵器そのものである。当初は港に停泊中の艦船を攻撃したが、その後米軍側が停泊を警戒するようになってからは、水上航行中の攻撃に切り替わり、操船に高度な技術を要するようになったため、攻撃が失敗することが多くなった。それでも脱出装置のない回天は一度出撃したら命はないと思わせる、神風特攻隊と同様の存在だった。その搭乗員の過酷な心理状態は、岡本喜八監督の名画『肉弾』により広く知られるようになった。なお「回天」という聞き慣れない言葉であるが、幕末の志士高杉晋作が討幕派の旗揚げをする際に掲げた「回天義挙」のスローガンに由来する。

上山の年譜に戻ろう。一九四四年の二月に横須賀の海軍航海学校に入校し、九月からは回天の搭乗員としての本格的な訓練を開始した。一一月になると山口県光市の回天特攻基地に配属され、当地で戦友の和田稔と出会う。その様子が和田の手記に次のように記されている。

十一月二十九日
二十五日夜九時の汽車にのった。学生十名、練習生六十七名の第一次先発隊である。諫早でのりかえ、門司でのりかえて二十六日の十一時すぎに光駅についた。
それから、今日まで、まるで夢のような手荒い訓練の連続、私達の気分もすっかり変わってしまったようだ。昨日は一日中行軍、室積の海へ。今日は朝大分駈足をさせられて、その後で板倉少佐の着任の訓示あり。二十日の大戦果を聞く。午前午後とも整備作業、地ならしその他。
ここには三期の少尉が十七、八人いる。それが全部航海学校出だから、いくらどなられても後味がよい。とくに私達を直接指導している上山少尉は京大哲学出身で、田辺元の一番弟子とのこと。とても自信のある話をされる(『わだつみのこえ消えることなく――回天特攻隊員の手記』角川文庫、一九七二年、二五五頁)。

一際目を引くのは「田辺元の一番弟子」という表現である。このことを上山が吹聴したのか、それとも和田が勝手にそう呼んでいたのかは判然としないが、後述するようにこの手記の解説を書いているのが上山自身だから、二人が相当気の置けない仲であったことは容易に推測できる。
ここで上山に出会うまでの和田稔の経歴に触れておこう。一九二二年生まれなので上山よりも一歳年下である。一高、東大を経て東大法学部に入学したのが一九四二年だから、東大に在籍した状況での応召である。入学当時は大蔵省（現財務省）の入省を希望していたと伝えられる。一九四三年の一二月に二等水兵として広島県の大竹海兵団に入団し、上山と同様に横須賀の航海学校に入学、長崎県川棚町の魚雷艇訓練所で訓練を積んだ後、光基地に配属となった。二度目の出撃の訓練中の一九四五年の七月二五日に事故死した。和田の最初の出撃は、上山と行動をともにしている。上山の年譜によれば五月二八日に沖縄方面に対する米軍補給路の攻撃のため光基地を出発、六月五日に敵機動部隊と遭遇し攻撃を試みたが失敗し、むしろ電波交信を傍受され爆雷攻撃を受けている。

なお前年の一二月の訓練中に、上山自身もあわや窒息死寸前の憂き目に遭っている。上山の乗った回天は同行していた魚雷艇を見失い、燃料を使い果たして二〇時間海中を漂流した。運よく発見してくれた漁船の通報により魚雷艇が駆けつけて救出されたときの上山の意識は、酸素不足のため朦朧としていた。他方で上山を救出してくれた魚雷艇の操縦手の方は一か月後に出撃し、帰らぬ人となった。和田の死因は舵の故障で回天が海中の泥中に深く突っ込んでしまったための窒息死であり、死にいたるまでの絶望的な時間を共有したためか、上山は戦後間もなく遺骨を静岡県沼津の和田の実家まで届けている。

哲学とは無関係な戦友についてここまで長々と書いているのは、言い方はよくないがある種エクスタシーの絶頂で敵艦に突入する神風特攻隊と違って、人間魚雷回天の場合は人知れず海底に沈むという無残な最期を迎えかねなかったということ、また一般的には人間嫌いと見られる哲学者のなかで上山春平の友を思う優しさを強調したいためである。

和田の父が刊行した手記の解説を書いた理由を、通常であれば理路整然とした文章を書く上山が珍しく「動乱の世相を、詩人の眼で以て克明に記録した文章として、藤原定家の『明月記』を連想させる」からだと、仰々しく書き立てている。こうした戦争体験から上山は、同様に悲惨な戦争体験をした丸山真男に通じるような日本文明史を構築することとなる。

得られた二つの知見

他方で上山春平は回天の乗船を通じて、悲惨な体験をしたわけではなかった。転んでもタダでは起きないとでも言うべきか、彼はこのとき歴史の波動モデルと言われる着想にいたったことを、次のように回想している。

すでに高校のころに〔中略〕カテゴリー体系の理論的検討を楽しみにして大学の哲学科に進んだのだが、そこではあいにく西田学派の歴史哲学が花ざかりで、わたしのなじんできた静的な体系的思考法とはまったく肌合いのちがう動的な歴史哲学的論議が渦巻いていた。歴史の波動モデルの着想は、そのときの当惑の体験がきっかけとなっており、自分なりに納得のゆく形に構築されていたカテゴリー体系を手がかりとして、歴史過程の分析方法を見いだそうとする模索の産物であった。

もちろん、ここは、その経緯についてくわしく述べる場所ではない。ただ、わたしが海軍の人間魚雷の部隊に配属されて、魚雷のジャイロコンパスのにわか勉強を強いられたときに、電磁石の両極を結ぶ直線にたいする回転コイルの角度によってサインカーブを描く電流の位相変化が生じるという事実から、静的な電磁石の極性をカテゴリー体系の極性に対比し、動的な回転コイルの角度の変化を「時代精神」という名でよばれる価値観の偏りに対比するという着想を得たということだけを記しておこう。

そのとき、わたしはこう考えた。人間が神のように完全でないかぎり、その思想には何らかの歪みや偏りがあるはずであり、その偏りが集団的巨視的現象として、しかも連続的な位相変化を示す現象としてとらえられたのが「時代精神」ではないのか。静的なカテゴリー体系は神の見地から「永遠の相下」に人間の思想をとらえたものであり、それを歴史の相においてとらえようとすれば動的な波動を描くほかはないのだ（第一巻、一五九〜一六〇頁）。


海軍時代に着想がひらめいたエピソードも興味深いが、本章の冒頭で述べた少年時代の人文地理への興味が人間に移ったことの経緯を絡めて考えると、静的体系を動的な波動にどのように乗せてゆくかが、生涯にわたる上山の課題だったことがここで知られる。また「静的な体系的思考法とはまったく肌合いのちがう」「西田学派の歴史哲学」という言い回しも、気になるところである。私見によればこれは、高山岩男を中心とする京大四天王の提唱する世界史の哲学のことだろう。梅棹忠夫の生態史観を介すれば上山と高山の構想はつながるところがあり、これについては第三章で論じておきたい。

もう一つ人間魚雷から得られた知見は、現在の視点から見ればいささか差別的な表現も散見されるが、「特攻隊のタオヤメぶり」を発見したということである。戦後上山は映画を通じて敵国イギリスにも人間魚雷があることを知り、一瞬ではあるが「おそらく世界に類があるまいと信じきっていた水中特攻隊が、外国にあったという事実に、何となく自尊心をきずつけられたような気持ち」を抱きながらも、映画を見進めるにつれて、日英の文化の差に気づかされる。

> イギリスのばあい、搭乗員はアクアラングを着装して水中に露出した座席にまたがり、首から上を水面上に出して、時速三ノットというノロノロとしたスピードで夜陰に乗じてひそかに目標に近づき、至近距離で潜航して目標の艦底に時限爆発装置をしかけた魚雷の頭部を固着させ、その頭部を切りはなして、ノロノロと母艦に引き上げる。
>
> ところが、日本のばあいは、まず第一に、搭乗員が母艦に帰ることがまったく考えられていない。死を決して一路敵艦に猛進し、魚雷もろとも海底のもくずと消えるのである。
>
> イギリスのばあいは、港の入口などに防潜網などがはってあれば、搭乗員は魚雷を停止させて座席をはなれ、ロープなどで防潜網をまくり上げたりしながら前進するのであるが、日本のばあい、搭乗員は

外界からまったく遮断された魚雷の筒内に着席したまま、二〇ノット前後の高速で突っ走り、防潜網などは、魚雷の頭部に着装したノコギリでガリガリと引きかいて前進する仕掛けになっている。

搭乗員は、魚雷の筒内にあって、ジャイロ・コンパス、ストップ・ウォッチ、速度計、等をたよりに海図上に航路を作図しながら、小型潜望鏡でときどき針路や目標をたしかめ、必要な距離に接近すれば、約三〇ノットの全速力で目標に突入する。

一見、壮烈ではあるが、映画で見たかぎりでは、イギリスのばあいのほうが、はるかに沈着な判断と不屈の闘志を必要とするように思われた。

無反省に男性的価値を女性的価値の上位におく人びとにとっては、冒瀆の言のようにきこえるかもしれないが、一般に、最も男らしい行為のように考えられている特攻のあり方に、女性的なものを感じとることを通して、私は日本人の国民性を根底から特徴づけている女性的性格を確認せざるをえなかったのである（第三巻、四七四〜四七五頁）。

「女性的性格」という語が唐突に現れるという印象を受けるのかもしれないので、ここで少しばかり解説を施しておきたい。上山には沈着冷静さを「男性的」と見なすのに対し、感情のコントロールの利かない状況を「女性的」と見る傾向が認められる。例えば入隊直後に上官から受ける嫌がらせを「シュウトメのヨメいびりめいた日常の立居振舞に対する干渉」と評したり、あるいは帰艦を想定しない闇雲な特攻を「ヒステリー状態の女性が刃ものを振りかざして真一文字に相手に襲いかかるようなスタイル」と形容したりするのが、この表れである。

私見によればこと地位や名誉に関わる嫉妬心は、女性よりも男性の方がはるかに強いと思われるが、ジェンダー的差異に対する評価を差し引いてここでの上山の発言の真意を要約すれば、日本社会は説明責任を果たすことで事態の好転を図るという発想が乏しく、悲観的な状況に陥れば泣き寝入りする傾向が強いということになるだろう。また「特攻隊のタオヤメぶり」というアイロニカルな表現からは、若い読者には分からないかもしれないが往年の戦中派の屈折というものも読み取れる。こうした戦争体験に対するアンビバレントな態度から、第四章で論じるような日本文明史における負の要素が指摘されることになる。

女性と天皇制

残念ながら上山には他に女性論と言うべきものはないが、『続・神々の体系』(一九七五年)には天皇制の成立を女性と絡めて論じている箇所が見られるので、これについて紹介しておきたい。

周知のように東アジアにおいて「皇帝」を称せるのは中国の皇帝のみであり、そのうちの「皇」の字を含んだ「天皇」という称号は中国の「皇帝」に失礼であるという議論が、中国と冊封関係にあった朝鮮を中心に展開されていた。このことが明治時代に日朝の交流を妨げる大きな要因になっていたのだが、これに対して上山は一度だけ本場・中国で「天皇」の称号が用いられた時期があることに注目する。それは「中国史上唯一の女帝となった則天武后」である。

〔則天の夫である唐の〕高宗は病気がちで、則天はそれまでにも高宗を助けて政治に関与していたのであるが、このときから自らを「天后」と称して積極的に政治に乗りだし、高宗に建言するという形で、十二項目の施政方針（十二事）を発表したりなどしている。それは、生産を盛んにし、租税を軽くし、言論を自由にし、人材を登用する、などけっこうずくめのスローガンから成っているが、そのなかに、「王公以降、みな老子を習え」（第八項目）という注目すべき一項がある。ここから、則天が高宗に奉った「天皇《てんこう》」という名称が、当時の道教のパンテオンにおいて上位をしめる「天皇大帝《てんこうたいてい》」から採られたものではないか、という推測を立てることができよう（第五巻、二四三頁）。

「天皇」という語の由来が道教に関わることはよく知られているが、このことを則天武后と併せて論じるものは、私見によればなかなか見当たらず、上山の独創と言ってよい。第五章で論じるように、上山にとっての天皇制の成立は藤原不比等による二人の女帝擁立と関わりがあるので、こうした上山の指摘は、今日の女性天皇の論議にも大いに参考になるだろう。そう考えれば先ほど論及した「女性的性格」も、さほどネガティブな意味を有していないかもしれない。

いずれにせよ、突然の敗戦によって上山の哲学者としての道筋は続くことができた。彼と同じように戦中時の経験をバネにして独特の思想を追求する論者たちが戦後に輩出し、彼らを注視することで上山は自らの哲学のスタイルを模索していった。そうした先達として次章では、桑原武夫と鶴見俊輔の足跡をたどるとともに、二人の出会いを通じて上山がプラグマティズムに開眼した経緯を見てゆくことにする。

第二章　二人の先達（桑原武夫と鶴見俊輔）と
プラグマティズムへの開眼

愛知学芸大学に就職

ふたたび上山春平の年譜に戻ろう。敗戦のニュースは回天の修理打ち合わせ終了後に聞かされている。一〇月には研究生活に復帰するために、京大大学院に籍を置くことを決めている。翌一九四六年には両親とともに本籍地のある和歌山県に戻り、県内の田辺中学校に勤務することになった。大学在学中に東寺より非公式に虚空蔵求聞持法を伝授された経緯があるため、高野山大学の講師になる話もあったが、給与と両親の扶養のことを考え断念した。高野山を開いた空海に対する上山の思い入れについては、エピローグで取り上げることとする。

一九四八年になると愛知第二師範学校に異動し岡崎市に転居となり、翌年同郷の女性と結婚する。

愛知学芸大学（現愛知教育大学）助教授を兼務し、マルクス主義の研究に専念する。マルクス主義との出会いは田辺中学校時代に親戚で古代史家の北山茂夫を通じてであって、愛知学芸大学時代は同僚たちと日本資本主義論争を検討した。それゆえ上山にとってマルクス主義は、歴史理論を構築するための哲学的支柱として捉えられている。なお第五章で検討される上山の天皇制論のベースになっているのが、北山の古代史理解であることにも注意を促したい。

いずれにせよ上山のこうした傾向は彼の在籍した京大哲学科とは無縁のものであり、むしろこれに敵対していた三木清を中心とする西田左派に近い。それゆえ上山は後年になって、三木清の業績を回顧する座談会の司会を務めている（「京都学派左派の形成過程」梯明秀『全自然史的過程の思想』創樹社、一九八〇年）。その後上山は一九五二年に鶴見俊輔の後任として桑原武夫により京大人文研助教授に招聘されることになるのだが、この人事に関わる二つの先達についても若干触れておきたい。

桑原と「第二芸術」

桑原武夫は内藤湖南の同僚でやはり東洋史家の桑原隲蔵の子として京都市に生まれた。京都一中・三高を経て京都大学仏文科を卒業する。中学から大学までの同窓生として、後述する今西錦司と、湯川秀樹の弟で東洋史家である貝塚茂樹がいる。専門はスタンダールとアランで第二期『四季』にはアランの翻訳を掲載し、同人の伊東静雄とも交流があった。一九四三年から東北大学法文学部助教授、一九四八年に京大人文研に教授として赴任する。このように桑原の東北大学時代は五年という短期間だが、そのあいだにあの有名な「第二芸術――現代俳句について」（一九四六年）が雑誌『世界』にて発表された。

「第二芸術」で桑原は専門家の十句と普通人の五句をアトランダムに並べたうえで、それらの優劣が容易につけられないことを理由にして「作者の経験が鑑賞者のうちに再生産されるというのでなければ芸術の意味はない」と断罪する。これに対して「お前は作句の経験がないからだ」という反論を予想したうえで、次のような再反論を展開する。

十分近代化しているとは思えぬ日本の小説家のうちにすら、「小説のことは小説を書いて見なければわからぬ」などといったものはない。ロダンは彫刻のことは自分で作ってから言えなどとはいわなかったのである。映画を二、三本作ってから『カサブランカ』〔中略〕を批評せよなどといわれては、たまったものではない。しかし俳句に限っては、「何も苦労せずして、苦労している他人に忠告がましい顔をして物を言うことはないと思う」〔中略〕というような言葉が書かれうるのは、俳句というものが、同好者だけが特殊世界を作り、その中で楽しむ芸事だということをよく示している（『第二芸術』講談社学術文庫、一九七六年、二〇頁）。

このある種ユーモラスな意見の提示から浮かび上がってくるのは、桑原が俳句というジャンルを「第二芸術」として貶めることを意図していないということである。それどころか桑原にはすぐれた芭蕉論があり、そこで芭蕉をすぐれた近世的芸術家だと評価している。問題なのは現代俳句を批評する媒体が「特殊世界」であることであり、そうした不透明な批評空間が持続していけば、俳句は真っ当な評価がなされなくなるという危惧を桑原はこのエッセーで表明しているのである。

素人筋には首を傾げさせられる作品が映画賞や小説賞で毎年のように受賞されることがあるから、桑原が批判するある種の「文壇ギルド」的な批評空間は現在でも健在である。「第二芸術」は口先では民主化を掲げながら、その運営方法は依然として非民主的であるわが国の人文研究を狙い撃ちしたものとして、大いに評価されるべきであろう。

なお桑原のおびただしい蔵書を遺族からの了解なく寄贈先の図書館が廃棄したというニュースが最近寄せられたが、このような独特のジャーナリスティックな嗅覚がどのように形成されたかを研究する資料が永遠に失われたといってよく、学術研究上はなはだ残念な事件として受け止めたい。私見によれば桑原が批判するようなギルド社会が科研費申請を通じて学会内に根を下ろしているように思えるが、これもエピローグで取り上げる。

鶴見の「言葉のお守り的使用法について」

桑原の「第二芸術」を掲載した『世界』は政治学者の丸山真男の有名な「超国家主義の論理と心理」(一九四六年)も発表した雑誌としてよく知られているが、これらの論文と同年に『思想の科学』で「言葉のお守り的使用法について」という風変わりな題名の論文を公表したのが鶴見俊輔である。ここでは『思想の科学』発刊までの鶴見の足跡を大急ぎでみてゆく。

鶴見俊輔は政治家の鶴見祐輔の子として東京都にて生まれた。姉の和子も高名な哲学者である。少年時代には非行を繰り返していたが、渡米後は一転して勉学に励みハーヴァード大学に入学し哲学を専攻した。大学卒業直後に太平洋戦争が勃発して帰国し、東南アジアで海軍軍属として勤務するあいだに敗戦を迎えた。このように鶴見は少年時代の自分を見捨てた日本のために、学問への情熱を目覚めさせてくれた恩人たちの国であるアメリカを相手に戦わなければならないことに強い苛立ちを抱いていた。

こうした経験を通して鶴見は和子と協力して雑誌『思想の科学』を発刊した。この『思想の科学』を拠点にして鶴見は共同研究「転向」や「ベトナムに平和を!市民連合」(略称べ平連)の活動を発信してゆくが、これらの活動の基軸になっているのが大学で学んだプラグマティズムであり、また平易な言葉で哲学を語る文体の模索だった。

『アメリカ哲学』（一九五〇年）はウィーン学派にも触れており、今日のネオプラグマティズムの展開を予測している点でプラグマティズムの入門書として現在でも十分通用するが、鶴見の評論活動の特徴を代表するのは、何といっても先述の「言葉のお守り的使用法について」である。「使用法」に注目する理由は、鶴見の依拠するプラグマティズムが重視する語用論（プラグマティックス）を受けてのものである。

言葉のお守り的使用法とは、言葉のニセ主張的使用法の一種類であり、意味がよくわからずに言葉を使う習慣の一種類である。言葉のお守り的使用法とは、人がその住んでいる社会の権力者によって正統と認められている価値体系を代表する言葉を、特に自分の社会的・政治的立場をまもるために、自分の上にかぶせたり、自分のする仕事の上にかぶせたりすることをいう。このような言葉のつかいかたがさかんにおこなわれていることは、ある種の社会条件の成立を条件としている。もし大衆が言葉の意味を具体的にとらえる習慣をもつならば、だれか扇動する者があらわれても大衆の利益に反する行動の上になにかの正統的な価値を代表する言葉をかぶせるとしても、その言葉そのものにまどわされることはすくないであろう。言葉のお守り的使用法のさかんなことは、その社会における言葉のよみとり能力がひくいことと切りはなすことができない（黒川創編『ことばと創造』（鶴見俊輔コレクション4）河出文庫、二〇一三年、一三二〜一三三頁）。

ここまでの鶴見からの引用をみて直ちに気づかされるのは、文章のうちで平仮名が多用されていることである。現在では漢字よりも平仮名が目立つ哲学論文が少なくないが、先に述べたように分かりやすい言葉遣いで哲学を語るというのが鶴見の目標なのだから、その目標達成の一つの手段が表記方法だと解される。

次に重要なのは、これまで十分に意識化されていなかった哲学と社会の関係を鶴見が前面に押し出していることである。「ある種の社会条件の成立を条件としている」というくだりがこれに相当する。そしてこの論文が執筆されているのが敗戦直後であることも考え併せると、「意味がよくわからずに言葉を使う習慣の一種類」というのが、戦中の政府のプロパガンダ活動であることが容易に推測がつく。実際鶴見はこの後に「お守り的使用法」の実例として「国体」「日本的」「皇道」といった戦中に頻繁に用いられた語とともに、「尊王」のような幕末に流行した語も含めている。現在であればさしずめ「アベノミクス」もこのカテゴリーに含められるだろう。

他方で鶴見は「意味がよくわからずに」用いられる戦後の事例として「民主」「自由」「デモクラシー」を挙げていることにも、注意すべきである。このことが意味するのは鶴見が民主主義を否定していることではなく、「意味がよくわからずに」使われる点では「皇道」も「民主」も大差がないということである。

言葉の遣い方から民主主義の精神を模索する鶴見の態度は、批評空間の情報公開を求める桑原武夫に通じるものがある。実際東北大学時代の桑原には、戦後導入されるべき哲学はプラグマティズム以外にはないと心に決めていた節があり、それゆえ人文研に異動した桑原が最初におこなった人事は、鶴見を人文研に助教授として招聘することだった。けれども鶴見はほどなくして鬱病にかかって休職し、一九五四年に東京工業大学に移ってしまう。その鶴見の後任として白羽の矢が立てられたのが、上山春平に他ならない。

プラグマティズムとの出会い

この辺で上山自身の話に戻ろう。先述のように敗戦後の上山の哲学的関心はマルクス主義にあり、プラグマティズムは眼中にはなかった。自身による年譜によると転機となったのは、一九五〇年から東大で開催されたアメリカ研究セミナーである。このセミナーは東大とスタンフォード大学の共催で毎年七月中旬から八月上旬まで開催され、上山は一九五三年まで参加した。その間に後年になって科学哲学の重鎮となる大森荘蔵、沢田允茂、中村秀吉らと面識をもった。また先述の『アメリカ哲学』を通じて鶴見俊輔を知り、『パース論文集』の長期借用を申し込むため京都哲学会にも出席した。こうした思索の成果が結実するのが、『思想』一九五二年五月号に掲載された「パースの歴史観」においてである。この論文が人文研に転出する足掛かりになった。
鶴見との交流は思想の科学研究会の論理学研究グループに参加するかたちで継続し、その後も継続していたマルクス主義研究と結びつけた論文を次々に発表する。それらは『弁証法の系譜』にまとめられ、哲学における上山の主著となる。一九六八年には中央公論社刊行の『世界の名著』の「パース・ジェイムズ・デューイ」の巻の編集を担当し、プラグマティズム研究の第一人者として認められる。

パースに魅せられた理由

それでは上山春平はプラグマティズム、とりわけパースの哲学にどうしてここまで引きつけられたのだろうか。このことを考察するためには、第一章で触れたカントのカテゴリー研究にまで引き返さなければならない。すでに述べたように高校時代の上山はカテゴリー論の研究にのめり込んでいたが、パースも上山と同様カントのカテゴリー論に魅せられていた。上山は次のように整理する。

パースはハーバード大学の学生時代からカントに深くなじんでいたのである。かれは当時を回想して、「わたしは三年以上も、毎日二時間ばかりを、カントの『純粋理性批判』の研究にあて、ついにはほとんど全巻を暗記してしまったほどである」と書いており、また、「一八六〇年代の初めころ、少なくとも『純粋理性批判』の先験的分析論にかんするかぎり、私は判断機能の表とカテゴリーの表を頭から信じていた」と書いている。

しかし研究をすすめていくうちに、パースはカントのカテゴリー論に不満をいだくようになった。つまり、「カントのカテゴリー論は、一層大きな概念体系の一部にすぎないのではあるまいか」という疑問をもつようになったのである。このとき以来、パースは、カントのカテゴリー体系をその一部としてふくむような、より大きな概念体系を見いだすことに努力を集中するようになった(第一巻、一五七頁)。

こうしてみると、上山は第一章で触れた高校時代にカントのカテゴリー論に没頭した自分をパースに重ね合わせていることが、容易に推測される。だとすれば上山が興味を抱いていたのはパース哲学そのものというよりは、パースの哲学に対する態度だったようにも思われる。

他方で気になるのは、その後パースがカントのカテゴリー論を「一層大きな概念体系の一部にすぎない」という具合に、評価を下げていることである。このことはもちろん、パースが独自な思索を始めるモティベーションと絡んでいるのだが、その後の上山の思索の展開を考慮すれば、上山が必ずしもパース哲学に安住せず上山なりの体系を打ち立てる気があるのではないかとも思われる。このことを解き明かす鍵に、パース哲学に出会う前に上山が取り組んでいたマルクス主義の位置づけである。

これらのことに留意したうえで、『弁証法の系譜』を検討することにしよう。

アブダクション・インダクション・ディダクション

『弁証法の系譜』は序論として弁証法的方法、第一部としてマルクス主義と弁証法、そして第二部としてプラグマティズムと弁証法がそれぞれ論じられている。目下の関心はプラグマティズム、とりわけパースとマルクス主義の関係なので、第二部を中心的にみてゆく。

まず上山が重視するのは「あらゆる概念の要素は、知覚という門を通って論理的思想の国に入り、目的をめざす行動という門を通ってこの国を出る」というパースの言葉である。ここから「認識の問題を、実践の見地から《知覚→思想→行動》というサイクルをふまえてとらえるか、それを実践の問題と切りはなして、《知覚→思想》関係の分析としてあつかうか」が分かれるとする。上山は前者をプラグマティズム、後者をイギリス経験論と見なすが、後者については通常の科学理論と同一視して構わないと思えるので、以下ではそのように言い換えてゆく。

次に通常の科学理論とプラグマティズムの論理学の違いについて考えてみる。通常の科学理論は《知覚→思想》関係に限定されることを受けて、「《知覚→思想》過程をへた概念や命題と、《思想→思想》過程にかぎられる概念や命題をはっきり区別する認識論的立場」の二本立てとなり、そのそれぞれの過程をインダクション、ディダクションと名づける。これに対してプラグマティズムはディダクションからインダクションにいたる過程の前にアブダクションという過程を置く三本立てとなっている。そこで問題になるのが「アブダクション」という、パース独特の語法である。周知のようにインダクションとディダクションはそれぞれ「経験科学の論理」と「数学や論理学の論理」と等置され、それぞれが「帰納法」、「演繹法」と訳されている。これに対してアブダクションはこれといった定訳がなく、上山は暫定的に「仮説形成」と訳し、次のように解説する。

あらゆる研究は、不可解な現象を、いろいろな側面から観察し、考察することからはじまる。その目標はこうした現象の謎をとくための説明もしくは仮説を見つけることである。われわれは、観察をかさねるうちに、そうした仮説を突然思いつく。しかし、この仮説のうけいれ方には、多分こんなことではなかったかといったはなはだ消極的な態度から、どうしてもそれを信じないではいられないというきわめて積極的な態度にいたるまで、無数の段階がある。ともかくどんな仕方にしろ、仮説をうけいれる段階で《アブダクション》の過程は終了する（同巻、二六八〜二六九頁）。

こうしてみると、パースは随分と自信のない過程を論理学のなかに押し込めているような気がしないでもないが、いずれにせよ上山はこのパースの三本立ての論理学の構成を用いて、マルクス主義とプラグマティズムの関係を考察してゆく。

マルクス主義との平行関係

パースを受けて上山は、もう一人のプラグマティストであるデューイについて検討する。デューイは第三章で検討する高山岩男が重視する哲学者でもあるので、少し詳しく見ておく。デューイはパースよりも細かく、仮説の検証について六つの段階を設ける。すなわち、①探究を引き起こす先行条件としての問題状況、②与えられた状況が問題をはらんでいることをはっきりさせる問題設定、③問題解決のプランを決定する仮説、④仮説に含まれる観念相互の関係を検討する推論、⑤仮説を推論にしたがって実行する実験、そして、⑥実験を通じて仮説の評価を決定する保証つきの言明である。そして①から③までをパースの言うアブダクション、④をディダクション、⑤と⑥をインダクションと等置する。上山からすればデューイは、パースが漠然と提示しただけのアブダクションの手続きを詳細に規定したということになる。

次いでマルクス主義が、プラグマティズムとある種の並行関係にあることが主張される。上山によれば史的唯物論の基礎づけを試みたマルクスを受けて、エンゲルスは『反デューリング論』において、一般法則の科学としての弁証法的唯物論を強調し、そのうちの《直観→抽象的思考→実践》の過程を研究したのがレーニンの『哲学ノート』、《感性的認識→理論的認識→実践》の過程を研究したのが毛沢東の『実践論』と見なされる。そして『実践論』における感性的認識、理性的認識、実践がそれぞれ、パースのアブダクション、ディダクション、インダクションに等置される。

こうしてみると、一見すると接点がないかに見えたマルクス主義とプラグマティズムが同じもののようにも見えてくるが、他方で上山はこの二つの思考形態それぞれがもつ特徴を次のように指摘もしている。

> 両者に重大な相違点があることも見落としてはならない。それは、基本的には、マルクス主義が社会過程の理論（史的唯物論）に主力をそそいできたのに対して、プラグマティズムが認識過程の理論（認識論と論理学）に主力をそそいできたことに由来する。つまり、マルクス主義論理学は史的唯物論を土台としてその上にきずかれているために、すくなくとも認識の第一段階や第三段階のような認識と実践の接点をあつかう場合に、認識の実践的基礎を科学的に分析するめどをもつが、プラグマティズム論理学は、しっかりした社会理論の支えを欠くために、実践の分析において、非科学的な空論に陥りやすい。その反面、前者は、従来の論理学的遺産を批判的にとりいれて、その理論を豊富にし発展させるという関心と努力が足りなかったために、土台がしっかりしている割に理論の発展が不充分であるが、後者は、その点に関するかぎり前者をしのいでいるように思う（同巻、二七七頁）。

要するに両者には一長一短があるからたがいに補い合う関係にあるべきであり、とりあえずは両者の並行性を指摘するにとどめておくというのが、上山の最終的な結論である。こうしたある種の二元性を主張するのが上山哲学の特徴であり、第三章で論じる梅棹忠夫の生態史観を吸収する過程でそれが顕在化してゆく。

二人の先達との違い

上山のマルクス主義との関わりはこの後もしばらく続いており、この点で彼は先達である鶴見俊輔や桑原武夫と一線を画していると言える。先述のように鶴見は雑誌『思想の科学』を拠点としてべ平連などの政治的活動をおこなうのに対し、上山は「できるかぎり政治の渦中にはまきこまれたくない、という私の願望と会の大勢とのあいだにズレが生じるようになり」思想の科学研究会を退会することになった。また鶴見は自らの戦中体験をバネにして『共同研究・転向』(一九五九・六二年)などの企画を通して日本共産党に批判的なスタンスを取り続け、上山も同党幹部の上田耕一郎らと論争をおこなったが、その目的は弁証法論理学の理解といった学術的なものに限定されており、社会主義思想については是々非々の立場だったと思われる。

言うならばジャーナリスティックな活動に背を向けるというのが上山春平の態度であり、その点鶴見以上にジャーナリスティックな桑原に対しても、フランス革命に関する共同研究以外の局面での接触は避けている。もちろん上山も『大東亜戦争の遺産』（一九七二年）というような書名からして物騒な著作も刊行してはいるが、その中身を詳しく見れば政治的というよりは学術的なトーンで貫かれており、また丸山真男の後期思想との密かなつながりが見出せると感じられる。これについては第五章で取り上げたい。

カルスタとの関わり

第二章を締め括るにあたり、プロローグで「人文系の危機」を唱える論者の立場の一つとして論及したカルスタの先駆的な形態が、桑原と鶴見の双方に見られることを指摘したい。先述のように桑原は「第二芸術」において近代俳句を批判的に論じたので、ある種の文学エリート的な傾向を示すようにも思えるが、名著『文学入門』（一九五〇年）を紐解けば大衆文学にも多大な関心を有していることが知られる。それどころか文学の特質を論じる際に「インタレスト」という社会学的な発想を喚起する術語を持ち込んでいるところからすれば、桑原の試みはハーバーマスの言うところの「文芸的公共圏」を狙っていると思われる。他方で桑原は巻末に近代小説の古典として五〇冊をリストアップし、唐木順三による教養主義批判に対応することも怠っていない。

そうした芸術の社会性についての関心を、鶴見は桑原と共有している。鶴見は『限界芸術論』（一九六七年）において「専門的芸術家によってつくられ、それぞれの専門種目の系列にたいして親しみをもつ専門的享受者をもつ」純粋芸術と、「専門的芸術家によってつくられはするが、制作過程はむしろ企業家と専門的芸術家の合作のかたちをとり、その享受者としては大衆をもつ」大衆芸術のあいだに、「非専門的芸術家の合作のかたちをとり、非専門的享受者によって享受される」限界芸術を説き、これに盆踊り、盆栽、漫才、落書き、ゴシップ、墓参りといった一般には芸術とは受け取れないジャンルに対する見方を転換した。社会学者の見田宗介の『近代日本の心情の歴史——流行歌の社会心理史』（一九六七年）は明らかにこの限界芸術論をきっかけとして書かれたものであり、またこの見田の試みを起点として、多くの社会学者が現在にいたるまでさまざまな時事評論をおこなうようになっている。

他方で見田は同書のあとがきで「すぎ去った過去の時代の民衆の心情を、げんみつに科学的・系統的に再現する方法論は、現在のところ、確立されていない」と書き、自らのおこなった流行歌の心理分析の学問的限界を指摘している。こうした見田はともかく、見田以後の社会学者たちが社会学独自の方法論を反省せずに、したり顔で社会や思想を論じるというのはいかがなものか。少なくとも自分たちのカルスタの原型として桑原や鶴見のような先駆的試みがあったことを、言及しておくべきだろう。

第三章　梅棹忠夫「文明の生態史観」の余波と吸収

ＡＡＣＫという媒介項

第二章では上山春平が桑原武夫と鶴見俊輔という二人の先達の導きにより、京大人文研に採用されるまでの思索の足跡を追ってきた。他方でプロローグで触れたようにこの二人は新京都学派に分類されるので、上山自身もこの学派に名を連ねることになった。

ここで注意しておきたいのは、新京都学派にはこれら三人とは別に、今西錦司と梅棹忠夫といった、どう見ても理系に分類される研究者が含まれていることである。京大人文研＝新京都学派という事情を考慮すれば、このことは一見不可解だが、今西と梅棹が京大学士山岳会（ＡＡＣＫ）の人脈にあることが分かれば、この疑念はたちまち氷解するだろう。したがって第三章ではしばらくのあいだ、今西錦司がＡＡＣＫを介していかなる人脈を形成していったかを見ておきたい。

今西錦司と東洋系の人脈

今西錦司は京都市にて西陣の織物業の子として生まれた。京都一中、三高を経て京大農学部に入学する。中学時代に市内の愛宕山に登ったのが登山人生の始まりである。大学時代は幼少期の趣味より昆虫学を専攻、理学部の大学院に転じてからは関心が生態学に移った。

理学博士の学位を取得後は興亜民族生活科学研究所の所員となり、内蒙古を調査する。研究所の解散後は西北研究所所長として中国の張家口に移り、当地で敗戦を迎える。梅棹忠夫は同研究所の所員である。ちなみに研究所の次長は文化人類学者の石田英一郎であり、梅棹と同じ所員として配属されたのが東洋学者の藤枝晃、植物学者の中尾佐助などといった、文理の区別を超えた多彩な顔ぶれである。この間に今西はＡＡＣＫを設立するが、創設時のメンバーには桑原武夫がいる。こうして見ると西北研究所自体が、戦後の京大人文研の先駆けだと言うことができるだろう。

敗戦後は一時中断したＡＡＣＫを再建し、日本山岳会マナスル登山の先発隊長としてネパール・ヒマラヤを踏破する。その間に京大理学部講師、その後人文研講師となる。理系出身の今西を人文研に迎え入れたのは、中学以来の親友で人文研の所長を務めていた貝塚茂樹である。その前に貝塚は東方文化研究所に所属しており、中国の張家口に滞在していたキャリアがここで役立った。さらに、前述のようにもう一人の親友の桑原の父親が高名な中国学者であることを考え併せれば、京大人文研に理系の研究者が所属したのは、ＡＡＣＫというよりも東洋系の学問の人脈が大きいかもしれない。ここでもプロローグで示唆した、唐木順三の指摘する「型の喪失」がこと人文研では認められないと言えるだろう。

「文明の生態史観」の概要

今西自身の学説については第四章で扱うこととし、次にパースとともに上山に大きな影響を与えた梅棹忠夫の足跡を見ておく。梅棹は京都市にて西陣の履物屋の子として生まれた。京都一中から三高を経て京大に進学したのは、今西と同じである。

中学時代にＡＡＣＫが朝鮮北部の白頭山の冬季登頂に成功した記念映画を見て感激し、その後今西を終生の師として仰ぐようになる。京大理学部卒業後は先述のように張家口の西北研究所の所員となり、今西と同様同地で敗戦を迎える。戦後は京大理学部講師を経て大阪市立大学助教授となるが、人文研に助教授として招かれるのは上山よりもかなり遅く、一九六五年である。梅棹の名はむしろ、万博会場跡地に建てられた国立民族学博物館の初代所長として知られているかもしれない。

今西との差異を強調するとなれば、今西が一貫して昆虫や魚類といった生物の世界に没頭するのに対し、西北研究所時代の内蒙古の調査を機に、梅棹の眼が現在で言うところの民族学に接近した点である。民族学博物館の所長に就任したのもそのためだし、またこれから話題にする「文明の生態史観」もアフガニスタン、パキスタン、インドでのフィールドワークの経験を踏まえたものである。

「文明の生態史観」は当初「文明の生態史観序説」というタイトルで『中央公論』一九五七年二月号に掲載された。そこで梅棹は訪日前後に大いに話題になった歴史家トインビーが日本を「極東文明の分派」として位置づけていることに異を唱え、「横長の長円」に見立てた旧世界を「東の端と西の端」である第一地域と「あとのすべての部分をしめる」第二地域に区分けする。ここで重要なのは、東洋と西洋という二分法だと対立的に扱われてきた日本と西欧が第一地域として、旧ソ連（現ロシア）と中国が第二地域として一括りにされるということである。

わたしはつまり、第一地域と第二地域とでは、もともと、社会の構造がかなりちがうのだとかんがえている。それが、それぞれの条件のもとに発展してゆく。第一地域に属する社会は、おたがいに共通点をもつから、にた条件においては、にた反応をしめす。第二地域に属する各社会も、同様である。しかし、第一地域の社会と、第二地域の社会とでは、かなりの差がある。

第一地域の、現代における経済上の体制は、いうまでもなく高度資本主義である。その国ぐにでは、ブルジョワが実質的な支配権をにぎっている。そしてその体制は、みんな革命によって獲得された。

革命によってブルジョワが実質的な支配権をえた、ということは、それらの第一地域の国ぐにでは、ブルジョワの力が、すでにそうとうおおきかった、ということだ。革命以前、すでにそういう階級が、これらの国ぐにでは成長していた。革命以前はどういう体制か。いうまでもなく、封建体制である。封建体制が、ブルジョワを養成した。ここで、第一地域の歴史において、たいへんいちじるしい共通点をみいだす。つまり第一地域というのは、封建体制のあった地域なのだ。

第二地域は、それの裏がえしになる。第二地域では、資本主義体制は未成熟である。すくなくともいままで、高度資本主義になった例はひとつもない。そこでは、革命によってもたらされるものは、おおむね独裁者体制である。そして、革命以前の体制は、封建制ではなくて、主として専制君主制か、植民地体制である。専制君主や植民地体制の支配のもとでは、ブルジョワは発育不良である(『梅棹忠夫著作集』第五巻、中央公論社、、一九八九年、七六～七七頁)。

今や中国はGDPで米国に次ぐ世界第二位の経済大国になったのだから、今から六〇年ほど前の梅棹の見立ては時代錯誤と見る向きもあるかもしれないが、市場経済を受け容れた中国とロシアが他方では(日本や米国も少しずつ近づきつつある)言論統制の体制であることを考慮すれば、この第一地域と第二地域の区分けは深長な意味合いを現在でも有しているだろう。

「文明の生態史観」の画期性は、近代以前では中国、近代以降では欧米(社会主義者であれば旧ソ連)

を尺度としたうえでその尺度とされた国と較べて「遅れている」とされてきた日本を、あろうことか近代に限定すれば最初から先進国の仲間入りをしていたと規定したところにある。ここから予想される反応は、左派が梅棹の枠組みを拒絶して相変わらず日本の後進性を訴え続けるということ、そして右派がこの問題設定をそのまま受容してアジアにおける日本の先進性をアピールするということになるだろう。

それでは「文明の生態史観」に対する現実の反応について、しばらく検討しよう。このうち右派からの反応は、京都学派の四天王の問題と深く関わっているので第四章で扱うこととし、自由主義者を含めた左派の反応を本章ではみてゆく。

加藤周一の反応

「文明の生態史観」の発表に対していち早く反応を示したのが、評論家の加藤周一である。加藤は「文明の生態史観」が掲載された翌月の『中央公論』一九五七年三月号に「近代日本の文明史的位置」と銘打った論考を発表し、梅棹の着想そのものから検討している。まず加藤は、梅棹の着想が先述のようにアフガニスタン等のフィールドワークから得たものであることに注目する。

日本という国の他から異る特徴を考えるときに、考える当人がロンドンのホテルの一部屋にいるのと、アフガニスタンの山奥の天幕にいるのとでは、結果のちがうのが当り前である。一方が日本よりも進んでいて、他方がおくれているというだけのことではない。アフガニスタンの天幕とその周囲は、東京またはロンドンからあらゆる点でかけ離れている。それは到底ロンドン・東京のちがいとはくらべものにならないだろう。ロンドンと東京はあらゆる点でちがうどころか、ホテルの部屋にはじまって議会制度や手形交換所に到るまでほとんどすべての点で区別のつかないほど似ているのである。一般的な言葉でいえば、文明の精神的な面にだけ微妙な——ということは曖昧なということではないが——、ちがいがある。そこで小異を捨て大同につくという原則にしたがえば、少くとも目下の東京と日本とを論ずるに、アフガニスタン、パキスタン、インドと日本をまとめて扱うよりは、ロンドンまたはイギリスとまとめて扱うのが当然であろう。理論上当然であるばかりでなく、動かせない実感としてもそうなるのが当然である。梅棹氏の文章には、その圧倒的な実感が溢れている（『加藤周一自選集　二』岩波書店、二〇〇九年、一五四〜一五五頁）。

この発言から浮かび上がってくるのは、文献学的な手法に拘泥しない加藤の思考の柔軟性である。引用文の直後で「氏の議論全体には承服しかねる」とは断るものの、自らが依拠する人文系の手法を絶対視せずに、事象の本質にアプローチするには複数の方法があることを認めているように思われる。

先に「自由主義者を含めた左派」と書いた際に念頭に置いた自由主義者が加藤であるのは、こうした理由からでのことである。

そのうえで加藤は、梅棹の「生態史観」の不十分さを指摘する。つまりマルクス主義を基調とする歴史的発展段階説を批判する点で生態史観は正しいのだが、これとはまったく別の「歴史的発展の型」を主張することにはどうしても無理があると加藤は考える。そもそも経済的な側面だけで近代化を考えることに限界があるのであり、精神の面での近代化を考えるべきだと加藤は主張する。ここで西洋化ではない近代化の可能性という問題が浮上する。加藤はこれを「自立的発展」ないし「自発的な前進」と言い換える。

> 話を民主主義の問題に返せば、私は戦争から戦後にかけての大衆の意識の上に、自発的な前進、したがって元へは戻りようのない変化があるといった。しかしその大衆は、おそらく『万葉集』の時代から一貫して発展してきた精神的構造によって支えられているのであり、まさにその意味で日本の大衆なのである。大衆のなかにある持続的なものとは、その精神的構造に他ならない。どういう民主主義ができるか、またそれがどこまで発展するかということは、長い見透しとしてそのことにかかわってくるだろう。
>
> 〔中略〕
>
> 日本の大衆の意識の構造を決定した歴史的な要因は、明らかに超越的一神教とは全くちがうものであ

った。今、その詳細にたち入ることはできないが、結論だけを簡単にいえば、仏教以前の神道的世界には、全く超越的構造がなかったといえるだろう（神道はある点ではシャーマニズム、ある点ではアニミズム、ある点では一種の多神教のようにみえる）。問題はその後の機会に、大衆の意識の構造が根本的に変ったかどうかということである。変化をひきおこす可能性のあった第一の要素は、いうまでもなく仏教である。しかし、仏教自身が、少くともキリスト教やイスラム教におけるほど明白な超越的宗教ではなく、またたとえそうであったとしても、それがそのままの形でうけ入れられたのは、少数の知識階級によってであり、大衆によってではなかった。仏教と日本の大衆との接触によって変化したのは、おそらく、大衆の意識であるよりも、むしろ仏教それ自身であった。〔中略〕

西洋での神の役割を、日本の二〇〇〇年の歴史のなかで演じてきたのは、感覚的な「自然」である。その結果、形而上学ではなく独特の芸術が栄え、思想的な文化ではなく、感覚的な文化が洗錬された。もとよりここでその詳細にたち入ることはできないが、私はただ次のことを指摘したい。すなわち、かつて造形芸術の領域に発揮された民族の感覚のおどろくべき鋭さは、今なお自分たちの部屋を飾り、数かぎりなく小さな美しいものをつくりだしている日本の主婦や職工や室内装飾家のうちに生きているということである（同書、一七五～一七七頁）。

ここで長々と加藤の所説を引用したのは、梅棹忠夫を飛び越して上山の日本文明史に重なる射程が示されていることと、「文明の生態史観」において梅棹が加藤の「日本文化の雑種性」（一九五五年）に触れたことに加藤が敬意を払っていることに注意を喚起するためである。日本文明史との関係は第五章で触れることとし、梅棹の加藤への論及について述べておこう。梅棹は加藤が日本文化の特質を「雑種性」と規定したことに対して「たいへんよいかんがえかただとおもう」と言ったうえで「それだけではまだ、ほかの国とくらべての、日本の特徴がはっきりしない」と述べ、機能論の観点を導入すべきだと言う。

いままでのかんがえかたは、みんな文化の由来をもって日本の位置表示をおこなおうとしてきた。あるいは、文化を形づくるそれぞれの要素の系図をしめすことによって、現在の状況をしめそうとしていた。加藤氏の雑種文化論も、その名がそのまましめすように、血統の問題として文化をとりあげている。わたしはここで、文化の機能論的な見かたをみちびきいれたほうが、話が、いっそうはっきりするとおもう。それぞれの文化要素が、どのようにくみあわさり、どのようにはたらいているか、ということである。

それは、素材の由来の問題とは全然関係がない。建築にたとえていえば、個々の材木が、吉野杉か米松であるかをいうのは、系譜論の立場だ。できあがった建築が、住宅であるか学校であるかをいうのは、機能論の立場である。それは、文化の素材ではなくて、文化のデザインの問題であり、いっそうはっきりいえば、生活主体、すなわち文化のにない手たる共同体の、生活様式の問題なのである（梅棹前掲著作集、第五巻、七〇頁)。

こうしてみると、加藤と梅棹のあいだの齟齬は意見の対立というよりも、文化を取り扱う際の道具立ての認識の違いだということが判明する。そして実際に梅棹がこの目で見この耳で聴いた事象については、加藤が最大限の敬意を払っていることも知られる。それゆえ加藤は梅棹自身を招いた鼎談のなかで、梅棹の真意を探ろうとする。

「中洋」への注目

その鼎談は「文明の系譜と現代的秩序」と銘打たれて、東洋時論社発行の『総合』の一九五七年六月号に掲載された。注目したいのは加藤と梅棹の他に、当時『インドで考えたこと』(一九五七年)が話題になった堀田善衛が招かれたことにある。堀田はまずインドのことを書いたイギリスの小説を読んで、自分が西洋人でないにも関わらず作者に「まったく同感することができる」ことが自分でも不思議だと語り、これに梅棹は相槌を打つ。

梅棹　私も似たような経験をしました。もともと私はいわばアジア主義者で、全アジアを運命共同体としてやっていかなければならないという気持が今でも強いのですが、にもかかわらず、インド人と話していると何か理解を妨げられているものがあるような気がする。ヨーロッパ人となら、もっとうまく話し合うことができると思うことがあります。これは何故か。たとえばその文化の要素をとりあげてみると、日本とインドには共通のものがたくさんありますね。インドはヒンズー教ですけど、仏教のお寺もあります。お米を食べている点も共通しています。字引の引きかたにしても、アルファベットでなくアイウエオ順です。日本の五十音はサンスクリットの字母の並べ方からきているのですから――。このように、インドには明らかにわれわれの文化の中に対応できるものがたくさんあります。しかし、それにもかかわらず、どうにもならない感じをもつ（『綜合』六月号、東洋時論社、一九五七年、二八頁）。

こうした二人に対して、加藤は違和感を次のように表明する。

加藤　インド人と話す場合、インドのことについて主に話すので、彼等は自分の国のことを問題にしているわけだ。だから比較的客観的な立場に立つし、論理の客観性が意味をいうところで喋るわけです。そしてわれわれが持っている論理の客観性がますますわれわれをヨーロッパ人に近づけるが、しかし、ヨーロッパ人はヨーロッパの問題については客観的な論理でなくなるから、その時には、インド人と話が通じなかった程度にヨーロッパ人とも話が通じないかもしれないし、そのことではインド人との方が通じるかもしれない（同雑誌、二九頁）。

言うならば話題がかみ合わないのが、インド人とコミュニケーションが取れない理由だというのである。文献に依拠する人文系らしい加藤の反応だが、これを受けて梅棹は、自前の生態史観を踏まえた独自の意見を披露する。

梅棹　文化における古代史的秩序では、われわれの持っている文化には、東南アジア、中国、蒙古、チベット、ビルマを含めてこのへんまでずっと共通なものがある。もう一つの文化における古代史的秩序をまとめたら、アーリア文化、インドからヨーロッパに拡がる非常に広範な地域があると思う。その秩序範囲内では、原始的というか、心の触れ合いというような問題でもコミュニケーションが行われるわけでしょう。次に、文化における現代史的秩序になると、組合わせが変ってきて、われわれはヨーロッパと大体同じ組合せの中にいるから、その面に関してはヨーロッパとわれわれの方がコミュニケーションがうまくいく。だから、われわれと中国人との関係は、ベーシックなところではうまくいくが、そうではないところではぐあいの悪いことがある。一方、イスラムの人とヨーロッパ人の間でも同じだろうと思う（同雑誌、同頁）。

ここでイスラム世界の話が出てくることが重要である。梅棹は次のように続ける。

梅棹　イスラム圏やヒンズー圏ではよく自己主張の美徳にぶつかりますね。私の経験では、彼等にカメラを向けても拒絶的に身構えられるし、こちらの好意にたいしてまったく反応がないが、チベット国境に近いヒマラヤまでいくと、それが変ってくる。ぼくが会釈したら会釈するのを発見して感激したものです。故郷に帰ったような気がしましてね（同雑誌、同頁）。

こうしたやりとりをするなかで、加藤は次第に梅棹の議論の枠組みを許容するようになってゆく。

加藤　私の今の考えでは、おくれという言葉は、当然発展段階説から出てくるが、それを強調しない方がいいと思いますね。もう少し限定された意味で、どこで何に関するおくれであるか、何の発展段階かをもう少し正確にする必要があるし、そしてやたらに領域を越えて拡張しないことだと思う。もう一つはそのおくれの観念に価値をあまり簡単には結びつけないこと。そうでないと、たとえば英国はだんだん理想的な国になって、日本はだんだん悪い国になり、ついには、日本的というのはすべて悪いということになってしまう。つまり、現在の社会の構造、機能を系譜との関連において見ることが必要ですね（同雑誌、三一頁）。

加藤の「近代日本の文明史的位置」と梅棹の「文明の生態史観」のそれぞれで話題になった歴史的発展段階説と機能論の観点が、ここで結びつけられている。ここから話題は一神教に向かう。

加藤　西洋とどこで違っているのか、これは系譜の問題にさかのぼりますが、社会の構造の上からいえば、指摘されることはすでに指摘されてきたわけですが、もう少し機能的、精神的な面では、いちがいにどこが違うかちょっといえませんが、はっきり違う。部分的現象はいえるが、本質的現象がどこにあるかということはあまりきれいにいい切れないでしょう。

梅棹　やはり、キリスト教の根幹になっている一神教とそうでないものとの違いでしょう。

加藤　一番大きな違いは、やはりそこへいくのではないかと思う。具体的な例でいうと、倫理が内面化してない。新しいものにたいしてすぐ順応する、併立的関係をのみこむなど、大体そのようなものの考え方、精神の働き方は、超越的な一神教ではないと思います。比較的、多神教的というか、自然宗教的だと思うのです。

梅棹　インドでも、われわれに較べたらもっと一神教的ですね。

堀田　僕もそう思いましたね。イスラムのお寺ね、あそこへ行ってみていると、皆おっかない顔をしているね。それに較べると、われわれおよびビルマ人や中国人は、柔和な顔をしていると思いますね。どうも一神教というものを信じきれるような人たちは、おっかない顔をしている（笑）（同雑誌、三二～三三頁）。

キリスト教を受け容れたのは梅棹の言うところの西欧ではないかという考えが頭をよぎるが、インドないしイスラム世界の違和感が三人に共有されていることが、ここで知られる。先にことわったように、第一地域と第二地域という区分けに加藤は当初抵抗を示したものの、梅棹がイスラム世界を話題にしてからは両者の距離感が急速に縮まっている。なるほど本当に日本とイギリスを一括りにしていいのかという疑念は加藤のなかで残っているが、イスラム世界が理解しがたいという点で日本と西欧が一致しているとされるという展開が、興味深い。

ジャーナリストの東谷暁は近著のなかで、梅棹が一九五八年の時点で今後「地中海・イスラーム世界の再建へむかう」ことを予言していたことを強調している（『予言者　梅棹忠夫』文春新書、二〇一六年）。この構想は一時期勢力を増したいわゆる「イスラム国」が主張する版図とほぼ一致するものであり、この辺の梅棹の直観力の冴えに驚かされる。現在ではかなりの日本人に共有されるイスラム世界への違和感を、梅棹は『文明の生態史観』に所収したエッセー「東と西のあいだ」（一九五六年）のなかで次のように表現している。

要するに、インドは東洋ではない。中国を中心に発展してきたわれら東洋諸国とは、本質的に文化的伝統を異にする世界である。インドはむしろ、もっと西のほうのイスラーム世界とこそ、歴史を共有するものである。

しかし、インドが東洋でないとすれば、それはいったいなにか。もちろん、西洋ではありえない。インドが、西洋すなわちヨーロッパ的世界に属さぬことは、あきらかである。この、東洋でもなく、西洋でもないインドをさして、私がデリーでしりあったひとりの日本人の留学生は、うまいことをいった。

「ここは、中洋ですよ」

私は感心して、このことばをつかうようにした（梅棹前掲著作集、第五巻、四五頁）。

梅棹の「第一地域」「第二地域」という並べ方にイスラム教に対するある種の差別意識が感じられるかもしれないが、この「中洋」という表現は、インド・パキスタンと中近東を一括りで扱いたい向きにとって歓迎されるのではないだろうか。この辺りに梅棹の卓見のほどがうかがえよう。

広松渉の反応（1）

こうして見ると、加藤周一を中心とする自由主義者たちは、日本を西欧と一括りにする「文明の生態史観」に若干は違和感を感じつつも、アジア諸国との連帯を模索するうえでの手がかりを梅棹忠夫から求めていることがわかる。これに対してはっきりと旧ソ連を支持する左派の論者たちは、梅棹の論法をどのように受け止めたのだろうか。

広松渉はわが国でもっともよく知られたマルクス主義哲学者の一人だが、その広松が『生態史観と唯物史観』という著書をよりにもよって一九八六年に上梓したことに注目したい。一九八六年と言えば「文明の生態史観」の初出からほど三〇年後にあたるので、この論文に対する反論としては時機を逸しているという印象を与えるが、「原本はしがき」を見れば未完の主著『存在と意味』第三巻の第二篇と密接に関わると書かれているので、広松のなかにはどうしても主著の論旨を世に知らせたい内的なモティーフがあったと推測されよう。この著書で広松は上山春平も名指しで批判しているが、とりあえずは広松が梅棹の議論をどのように理解しているかから見ておこう。

広松はまず「文明の生態史観」の論旨を「東洋と西洋という伝統的な区分に代えて、旧世界を「第一地域」（西ヨーロッパおよび日本）と「第二地域」（それ以外の地域）とに区分すべきこと」、「これら両地域のそれぞれの内部における「平行的進化」現象の指摘、ならびに、第一地域と第二地域との歴史的展開相の著しい相違」、「両地域の内部における東西「平行的進化」および、両地域間の歴史的展開相の相違に関する「生態学的史観」」の三点に要約する。このうち後二者から得られる第二地域のみで社会主義革命が成立するとされる、いわゆる「歴史的発展段階説」に対する梅棹の批判を、広松は問題にする。とりわけ広松が問題視するのが、以下のような「文明の生態史観」の論述である。

第二地域の現状と将来を、もうすこしかんがえよう。さきにいったとおり、現代は、ひとくちにいえば、第二地域の勃興期だ。おそらくまだ革命の波はつづくだろう。そして、つぐつぎ、強力に近代化、文明化の方向にすすんでゆくだろう。人民のくらしは楽になり、第一地域の人たちの生活に接近するだろう。そこでどうなるか。

生活水準はあがっても、国はなくならない。それぞれの共同体は、共同体として発展してゆくのであって、共同体を解消するわけではない。第二地域は、もともと、巨大な帝国とその衛星国という構成をもった地域である。帝国はつぶれたけれど、その帝国をささえていた共同体は、全部健在である。内部が充実してきた場合、それらの共同体がそれぞれ自己拡張をおこさないとは、だれがいえるだろうか。現に、われわれは、第二地域の各地において、その微候らしきものを観察することができるようにおもう。

〔中略〕

第一地域の課題は何か。植民地はなくなった。イギリスやフランスは、まだ植民地にしがみついているけれど、あれは、みぐるしい。いずれはきれいに手ばなさなければならないときがくるにきまっている。それでは、たかい水準の生活を維持し、さらに、あすの「よりよいくらし」を獲得するには、どうしたらよいか。それには、いまのところみとめられたルールでゆけば、商売しかないだろう。この点では、日本とドイツは、イギリスやフランスに対して、おおきい顔ができる。まったくフェアな方法で、どうにかたちまわっているのは、この両国だからである（同書、八七〜八八頁）。

以上の論述が今からほぼ六〇年前のものだということに驚く読者も多いだろう。二〇一四年のロシアによるクリミア併合と、ドイツが事実上ＥＵ経済を支配している状況を予言するようで興味深いが、この時点での広松は「今日の論壇においては一層（？）俗受けし易い」と一蹴し、日本で革命が起こらないと梅棹が断言することに大いに不満を漏らしている。「歴史的発展段階説」の前提である唯物史観を認めていないことへの不満と言い換えてもよい。

こうして広松は自らが依拠する唯物史観と、梅棹の提唱する生態史観を原理的に比較・検討する。広松は人類の歴史に先行する自然環境の差異が第一地域（湿潤地帯）と第二地域（乾燥地帯）を区分する標識にしていることを評価しつつも、「人間社会と自然環境との相互作用の動態を対象化しておらず、人間の歴史的営為が環境的条件に規定されつつ逆に環境を改造していくダイナミズム、そこにおける人間社会内部の生態的編制とその遷移」を論じていないと批判する。

ここで言われている「人間社会」と「自然環境」のあいだの「ダイナミズム」は明らかにマルクス主義的な弁証法を想起させるものであり、フィールドワークを重視する梅棹がこうした哲学的問題を取り合うつもりがないことは、当初「文明の生態史観序説」とした論文を単行本化する際に「序説」の語を省いたことからも明らかである。第二章で論じたようにマルクス主義を主題的に論じているのは梅棹忠夫ではなくて上山春平なのだから、この辺で上山がどのように梅棹の「生態史観」を吸収したかを見ておくことにしよう。

多系発展の視点

やはり第二章で見たように上山が『弁証法の系譜』を刊行したのは梅棹の「文明の生態史観」が発表された一九五七年より後の一九六三年だから、前述の論争が盛んだった頃もパースをはじめとするプラグマティズム研究に彼は打ち込んでいた。他方でプロローグで触れたように、当時の上山は人文研に着任したばかりで、桑原武夫を班長とする「一八世紀思想とフランス革命」と銘打たれた最初の共同研究にも参画していった。

この共同研究は明らかにフランス文学を専門とする桑原の都合で計画されたもので、カントとプラグマティズムを専門とする上山の意に沿うものとは言いがたかったが、それでも彼はフランス革命を尺度とした明治維新の評価という課題を立てて、当時は必ずしもなじみのなかった歴史理論の研究を並行しておこなうようになった。これが上山のライフワークとなる日本文明史の土台となるのだが、この時点で上山が梅棹の「文明の生態史観」を積極的に取り入れていることに注目したい。

上山は二回にわたって生態史観を主題的に論評している。そのうちの最初の論文である「歴史観の模索」（一九五九年）で上山は、マルクス主義と梅棹理論の差異を「マルクス主義では人類の歴史を単系発展の過程とみるのに反して、梅棹理論はそれを多系発展の過程とみる」ことと「マルクス主義は歴史分析の焦点を経済的な生産関係に求めるのに反して、梅棹理論はそれを生物学的な主体環境関係に求める」と規定する。先ほどの広松との対比で気づかれるのは、広松があくまでも唯物史観の妥当性の是非をめぐった考察をしていて、上山の言う発展が多系である可能性を考慮していないこと、また広松の言う「人間社会」と「自然環境」のあいだの「ダイナミズム」が根本的には人間の歴史が始まって以降の経済的関係に限定されているのに対して、上山が提唱する「生物学的な主体環境関係」は先史時代も考慮に入れていることである。第四章でも述べるように広松は、梅棹理論の裾野が今西錦司の生態学にまで広がっていることを承知しており、今西理論の助けを借りて自らの唯物史観を改訂する用意があると主張するのだが、「多系発展」の視点は広松はおろか梅棹忠夫自身も意識していない、上山春平の独自なものである。その上で上山は唯物史観と生態史観の関係を、次のように規定する。

梅棹理論における「第一地域」型の発展コースは、封建制から資本主義へという部分にかんするかぎり、マルクス史観のコースと重なっている。問題なのは、「第一地域」型コースと独立な「第二地域」型のコースを想定し、中国やロシアの社会主義を資本主義のつぎの段階としてではなく「第二地域」型のコースにおける独自の発展段階とみている点だ。もちろん、梅棹氏は、「第一地域」型のコースにおいて資本主義のつぎに何がくるか、ということについて言及していないので、彼が資本主義から社会主義への発展の必然性にかんするマルクス史観の主張に賛成なのか反対なのかはよくわからないが、ともかく、中国やロシアの社会主義を、彼が「第一地域」型のコースに特有のものとみて資本主義のつぎの段階にあらわれるべき社会体制とはみていないことは明らかだ(第二巻、三八九頁)。

講座派・労農派論争を超えて

これから後に上山は、最近の柄谷行人も依拠するウィットフォーゲルを援用して、マルクス主義内でも多系発展にまつわる議論が出つつあることを強調するが、上山自身の思想の展開からみて重要なのは、こうした多系発展の視点から次のように明治維新の意義を解釈し直していることである。

マルクス主義は、梅棹氏の言う「第一地域」で発生し、本来「第一地域」の社会を前提としてつくられた社会主義のプランをふくむものだったが、そのプランがレーニンやスターリンによって「第二地域」型の社会に適する形につくりかえられ、そうした「第二地域」型の改造プランが、こんどは逆に、「第一地域」の社会における革命プランのモデルとして採用されるようになった。もしも梅棹的多系発展説の仮説が正しいならば、こうしたプランを受け入れるにあたっては、「第一地域」型への組みかえが必要であったはずである。しかし、それはなされないで、ほぼ、鵜呑みにされてしまった。その責任はプランの提供側にあったか受け入れ側にあったのかよくわからないが、コミンテルンが日本共産党に与えた「三二年テーゼ」など、右のような観点から、徹底的に再検討される必要があるのではないか。

「三二年テーゼ」は一九三〇年代の日本に課せられた革命を一九一〇年代のロシアにおける革命と同型とみて、日本におけるロシア型の「ブルジョア民主主義革命」の必要を説き、この革命の基本目標として、ロシアの先例にならって、地主制の廃止を前提とする農民的「農業革命」を強調している。私の採用する多系発展説の仮説がもし正しいならば、いわゆる「第一地域」型の社会における封建制から資本主義への転換点をなすブルジョア革命と、いわゆる「第二地域」型の近代化のための諸革命とは、質を異にするものでなければならない。しかるに、先に指摘したような内容をもつ「三二年テーゼ」の主張は、いわゆる「講座派」グループによって日本近代史理論の基本的前提として採用され、ブルジョワ革命は地主制の廃止を基本任務とする、という独特のブルジョワ革命論が製造された。「講座派」理論は、この理論をモノサシとして、明治維新は地主制を廃止しなかったからブルジョア革命とはいえない、という判定を下だす。この議論はどうにも承服しかねる。こころみに西ヨーロッパのブルジョア革命の歴史をしらべてほしい。どこに地主制（小作制度）を廃止した国があるか。「講座派」がブルジョア革命の典型とみているフランス革命でさえ、そういうことはやっていないではないか（同巻、四〇五～四〇六頁）。

突如として経済学にまつわる論争が登場したので、簡略に説明を施しておこう。「講座派」とは一九三二年から三三年にかけて岩波書店から刊行された『日本資本主義発達史講座』の執筆者たちが主張した日本近代史の解釈の立場である。それによれば明治時代の政治体制は絶対主義であり、またその経済体制は半封建的地主制であるから、日本における革命は天皇制を打倒するブルジョア革命を社会主義革命に転化する、いわゆる「二段階革命論」が提唱される。主要な論者としては野呂栄太郎、山田盛太郎、平野義太郎などが挙げられる。

これに対して明治維新は不徹底ではあったがブルジョア革命であり、すでに帝国主義的ブルジョアジーが成立したと見て、社会主義革命一つのみを達成すべきだと主張するグループが存在した。この立場は一九二七年に創刊された雑誌『労農』を中心に活動した櫛田民蔵、大内兵衛、向坂逸郎などが唱えたことから、労農派と呼ばれている。これら二つの立場が一九三三年から三七年にわたって日本資本主義論争を繰り広げ、引用文にあるような三二年テーゼの解釈や、戦後の日本社会党（現社会民主党）左派のイデオローグを形成するなど、多岐にわたる展開をしていった。

上山からの引用文からも知られるように、講座派の主張する二段階革命論は明らかに現実に発生したロシア革命が二度起こったことを日本に適用したもので、あくまでもロシアを基準にした社会の規定をしているのに対して、労農派の主張はロシアとは別のわが国の国情を分析したものなので、ある意味で話はすれ違ってはいるが、いずれにせよいずれが「正しい」革命理論なのかについて争っているのは確かである。

これに対して上山が多系発展説を唱えていることから見ると、彼が第一地域と第二地域とで革命理論が異なると主張していることが知られる。つまりは第二地域に属するロシアは第一地域とは別の発展を遂げて社会主義になったのであり、その第二地域を基準にして第一地域に属する日本の社会が資本主義から社会主義に転換するのは誤りだというのが、上山の歴史認識である。後述するように上山はわが国において社会主義革命が起こる余地はないと考えているから労農派とは異なるものの、明治時代においてブルジョア社会が成立したと見る点では労農派と一致する。そう考えれば、上山の多系発展説からみれば、講座派と労農派の歴史認識はそれぞれ、第二地域と第一地域において真だと判定されることになる。

パース研究との関係

ここまでくると、上山による生態史観と唯物史観の位置づけがある種の既視感をもって受け止められることに気づかされる。それは第二章で扱った『弁証法の系譜』で論じられた、プラグマティズムと弁証法的唯物論との関係である。再説すると、ここで上山は毛沢東の『実践論』における感性的認識、理性的認識、実践をそれぞれ、パースのアブダクション、ディダクション、インダクションと重ね合せたうえで、マルクス主義とプラグマティズムの違いがそれぞれ「社会過程の理論（史的唯物論）」と「認識過程の理論（認識論と論理学）」にウェイトを置いていることに起因すると説いた。『弁証法の系譜』にそって考えるとプラグマティズムは科学的認識の点ではマルクス主義を凌駕するものの、社会認識についてはその後塵を拝するとされたわけだが、「歴史観の模索」での発言を考慮して捉え直せば、梅棹忠夫の「文明の生態史観」を介して上山はプラグマティズムの認識論上の優位を確認しつつ、マルクス主義による社会認識をも改訂する方向に舵をとったと言えるだろう。ただし上山が完全にマルクス主義を放棄したわけではないことは、「歴史観の模索」における次のような発言からして明らかである。

梅棹理論とマルクス史観とのあいだに基本的な相違点があるということは、それだけでただちに、梅棹理論が反マルクス主義的だ、ということを意味するわけではない。先に「もし……ならば」という条件をいれておいたように、それが反マルクス主義の要素をふくむかどうかということは、マルクス主義のあり方にかかわる点も多いからだ。もし、マルクス主義が多系発展説を容れ、生態学的観点を容れることによって、その基本原則を生かしながら、より包括的な体系に自らを発展させる展望をもちえるとするならば、それは梅棹理論を排除しないだろうし、したがって、梅棹理論は反マルクス主義的ではなくなるだろう。そのばあいには、梅棹理論は既存のマルクス史観とともに、新たな、より包括的な理論体系の構成要素とみなされることだろう。しかし、はたしてそのようなばあいを、マルクス主義に期待することができるのだろうか（同巻、三八七頁）。

こうしてみると、上山はマルクス主義が梅棹理論と並ぶ、ある特殊な理論としては受容すると考えていることがわかる。第四章で述べるように広松渉は梅棹理論における牧畜生活の意義を上山が等閑視しているとして批判するが、そもそも上山の意図は梅棹理論とマルクス主義を等価な歴史理論として捉えているのだから、広松をはじめとするマルクス主義者からの上山批判は、上山自身の方向性とはすれ違っていると考えるとよい。

けれどもそうなると、梅棹理論がマルクス主義とは袂を分かつモティベーションがいかなるものであるかを知る必要があるだろう。その際に重要なのは、日本文明史の構築に専念し外見的には出発点となったプラグマティズム研究を忘れたかに見えた時期の上山が、次のようなパース哲学の意義を意味深長にも掲げているという事実である。

「科学」と「自由」の理念を基本的な指針とする第二次文明は、たしかに、その生産体系においてもシンボル体系（法体系、学問体系等）においても、第一次文明をはるかにしのぐ高度な水準を達成しつつあるのだが、〔中略〕パースの言葉に示唆されている次の冷厳な事実を忘れてはならない。

ある善きものを選びとることは、他の善きものを失うことである（第一〇巻、一六頁）。

ある種楽天的なプラグマティズムの哲学者に似つかわしくないニヒリスティックな物言いを導く上山の姿勢に、第一章で論じた人間魚雷回天の経験が垣間見える感じがあるが、とりあえずは次章で日本文明史の基礎となった比較文明史がどのように構想されたかを見ていこう。

第四章　比較文明史構築に向けての対話
——今西錦司、梯明秀、高山岩男

『生物の世界』からの影響

第三章で論じたように上山春平は、これまで培ってきたパースをはじめとするプラグマティズム研究を下敷きにして、梅棹忠夫の「文明の生態史観」の第一地域と第二地域を区分する議論を取り込んで、独自の歴史理論を構築していった。プラグマティズムと梅棹理論に共通するのはマルクス主義批判であり、そこから上山はマルクス主義を全否定するのではなく、多系的発展の一環としてマルクス主義を特殊な理論として位置づけるよう心掛けた。

他方で上山には、梅棹の「文明の生態史観」に対する反響があまりにも大きいことに当惑し、梅棹理論から一線を画する態度を模索している様子がうかがえる。そのことがはっきりと表明されるのが晩年の代表作である『日本文明史の構想——受容と創造の軌跡』(一九九〇年。以下『日本文明史の構想』に略記)であるが、ここにいたるまで上山が大きな影響を受けたのが、梅棹の終生の師であり新京都学派のリーダーの一人である今西錦司である。エピローグで取り上げる上山のハイポサイエンスの構想も、今西からヒントを得ていることに注意したい。

それでは上山は、今西のどういう所から影響を受けたのだろうか。次のような今西の批評が手がかりを与えてくれる。

今西さんの学問体系を、もっとも包括的な姿で描いてみせているのは、三十九歳の年に発表された学問上の最初の著書、『生物の世界』〔中略〕である。五章からなるこの本は、その第一章「相似と相異」で、今西さんの学問体系の前提となっている世界観と認識論について述べ、第二章「構造について」と第三章「環境について」の二章で、生命観の大綱を示し、第四章「社会について」と第五章「歴史について」の二章で、独自な生物学理論の体系的構想を素描しているのだが、はじめの三章における哲学的考察をふまえて生物学体系の骨組みを示すあとの二章は、その後の研究の進展にともなって、より精密な形に再構成されることになる。

つまり、『生物の世界』第四章「社会について」と第五章「歴史について」は、今西さんの体系的構想が、哲学的世界観の深みから出発して、一つは、生物の世界を空間的な社会構造論の観点からとらえる方向へ、もう一つは、時間的な歴史論ないし進化論の観点からとらえる方向へ、と二方向に分化する姿を、一つのダイナミックな全体の中に位置づけながら描いているわけだが、こうした二つの方向のうち、前者の方向を発展させたのが『生物社会の論理』（中略）であり、後者の方向を発展させたのが『人間以前の社会』（中略）だった（第九巻、四六一～四六二頁）。

今西の残した著作は多数あるが、ここで上山が挙げた『生物の世界』（一九四一年）、『生物社会の論理』（一九四九年）、『人間以前の社会』（一九五一年）のみをここで取り上げることにしよう。上山の言うような『生物の世界』から分かれた二つの方向性を統一することが、そのまま上山自身の比較文明史の土台になったと考えられる。いささか遠回りすることになるが、このことを念頭に入れた上で、『生物の世界』の議論の流れを確認しておこう。

類推から社会へ

先ず注意しなければならないのは、三部作のうち唯一戦前に刊行された『生物の世界』を執筆した目的が「私の命がもしこれまでのものだとしたら、私はこの国の一隅に、こんな生物学者も存在していたということを、なにかの形で残したいと願った」ためだと書かれていることである。人間魚雷回天の乗船員となった上山春平に較べれば、内蒙古の研究所で敗戦を迎えた今西の方が恵まれていると も言えるが、第五章で論じる丸山真男が応召の直前に書いた「国民主義の「前期的」形成」(一九四四年。後に『日本政治思想史研究』に所収)と同様、言うならば「遺書」とでも言うべき異様に緊迫した論調で書かれている。しばしば今西の研究はデータ的な裏づけがないまま理論構築を図ると批判されることがあり、この点で弟子の梅棹忠夫も今西から距離を取る態度が見てとれるが、少なくとも専門外の眼からすれば、哲学論文にでも分類する方が適当なほど『生物の世界』には思弁的な魅力が満ちている。

第一章「相似と相違」において今西は、生物全体を考える際に「類推」という方法が大変重要だと説く。類推というと自然科学の一般的な方法である演繹法や帰納法に較べて厳密性に乏しいという指摘に対して、次のように類推の正当性を主張する。

世界を成り立たせているいろいろなものが、もとは一つのものから生成発展したであるゆえに、われわれにこの世界を認識しうる可能性があるのであり、世界を成り立たせているいろいろなものがもとは一つのものから生成発展したものであるゆえに、われわれの認識がただちに類縁の認識でありうる可能性があるといった、そしてかかる類縁の認識が成立するところに、われわれの類推の可能なる根拠があるというのである。いったいわれわれは類推といえば、一種の思考作用のようにばかり思いやすいが、類推とはその本質において、われわれの認識、すなわちわれわれがものの類縁関係を認識したことに対する、われわれの主体的反応の現われにほかならないと思う。そしてその反応の現われが、まずわれわれの喜び、驚き、怖れ、ないしは愛憎といったものであったにしても、それはすでにこの世界に対するわれわれの表現であり、この世界に対するわれわれの働きかけでなければならない。〔中略〕

したがってこの問題は、一応なにゆえ類縁関係の違いによって、われわれの認識に対する主体的反応の現われ方が違ってくるかというところにまで、さかのぼって考えてみなくてはならないのである。それには類縁関係の近いものは、それの遠いものよりも、より近い、あるいはよりよく似た世界をもっている。よりよく似た世界というのは、いろいろに解釈できるけれども、主体的にいえば、お互いの認識している世界が似ていることだといえるだろう。そしてそれはつまり類縁の近いものなら、また当然にその認識に対する主体的反応の現われ方においても似ているものでなければならぬ、ということを要請するものである。だから類縁の近いもの同士が遭遇した場合を考えると、一方が他を認識するようにして、また片方も他を認識しているのでなければならぬ。そしてその一方がその認識に対して現わす主体的反応と相似た反応も、片方のものもやはり現わすのでなければならぬ。すると相互の認識、ひいてはその主体的反応の結果として、ここに一種の関係、もしくは一種の交渉が成立することとなるであろう。認識に対するわれわれの主体的反応とは、認識したものに対するわれわれの働きかけにほかならないといったが、かくのごとき関係の成立を認める場合には、それはたぶん単なるわれわれの働きかけではなくて、われわれへの働きかけを予想したうえでの、われわれの働きかけであるだろう（『増補版　今西錦司全集』講談社、第一巻、一九九三年、一五～一六頁）。

だいぶ長めの引用になったが、「主体的」とか「交渉」といった生物学というよりはむしろ、社会学に近いような用語法が目につくことに気づかされる。この後今西は「生物の社会」という聞き慣れない言葉を用いるが、ここから推測されるのは人間と人間以外の生物をある種連続的に捉えるという見方である。それゆえ今西の考え方にしたがえば、彼は生物を擬人的に捉えたのではなく、引用の冒頭で示唆されたように「一つのものから生成発展した」ものとして、人間と人間以外の生物を把握しているのである。

こうした連続性の考え方は第二章「構造について」では生物と無生物の関係で論じられ、そのうえで第三章「環境について」では生物と環境が次のように地続きで論じられる。

生物にとってはおそらくその日その日の生活が円滑に進められて行くのがまずなによりも緊要であろう。生物は外から食物を取りいれなければならないといっても、自分に同化しえないようなものまでやたらに取りいれていたのでは、生活は円滑に進められないだろうし、自分の仲間と自分の敵との見境いがつかないようではこれまたけっして生活の円滑な進行が望めないに相違ない。そう考えると生物にとって食物とは自己の体内に取りいれられたから食物なのではなくて、すでに環境に存在するうちから食物でなければならないし、敵はまたそれに危害を加えられ、殺されたからはじめて敵となるのではなくて、害され殺される前にすでに敵であることがわかっていなければならないのである。

だから生物と環境と一と口にいっても、生物としてはまずこういった生活に必要かくべからざるものの認識がすなわち環境の認識なんであろう。食物や敵を認めることもなしに、月や星を認めたところで、それは生物にとって無意義なことでしかない。しかしこの認識なるものをも一歩進めて考えてみるに、食物は口から体内に取りいれたからといってただちに自分に同化されたわけではない、消化管の管内というものは考えようによっては外界がわれわれの身体にまではいり込んでいる部分であり、環境の延長であるとも考えられる。生物は完結体系だなどといってもその身体はこういう意味で、その身体の中に環境を担いこんでいるのである（同書、五五頁）。


消化管を「外界がわれわれの身体にまではいり込んでいる部分」と形容する箇所などは、ともすると環境をわれわれの身体の向こう側の世界と考える向きからすればきわめて斬新な発想であり、生物と環境を連続的に見る視点なくしてはありえない。こうした環境の視点の延長上に「生物の社会」が現れる。

第四章「社会について」においてターニングポイントになる語は「同種の個体」であるが、この語が登場するまでの経緯から社会について考えてみたい。先述のように生物は環境の延長と見ることができるが、他方で逆に「環境を生物の延長とみることはすなわち環境の生命化であり精神化」と見ることもできる。言うならば環境から生命を決定するのではなく、「環境に働きかけ、環境をみずからの支配下におこうとして努力するのが生命」だという視点である。そして前者に類するのが植物の世界であり、後者に類するのが動物の世界だとされる。そこで「同種の個体」という語が重要な意味を持ち始める。

同種の個体同士はその生活内容を同じゅうするから原則として相容れないものであるにかかわらず、なにゆえ同種の個体というものがばらばらに存在しないで、ある距離内に見いだされるのであるか。合目的という点からいえばそれによって繁殖を達成せしめていることにはなるが、それではまだこの現象のすべてを説明したことにはならない。およそこの世界で相似たもの同士がお互いに孤独に存在しないで、ある距離内に見いだされるということには、それらの相似たものが全然無関係に、別々につくり出されたのではなくて、もとは一つのものから生成発展したという、この世界の性格の反映が感ぜられるのであり、したがって両者の間の距離というものがやがては両者の関係の親疎すなわちその類縁の遠近を現わすものでなければならないというように考えられるのである。だから同種の個体がある距離内に見いだされるということは、一つにはそれらのものの血縁関係がしからしめているのでなければならないのである。けれども実際はこの血縁的関係がそれらのものの生活内容を同じからしめているのだから、その結果として原則的には相容れないもの同士を、ある距離内に存在せしめていることには、なにか血縁的関係以外の要素があるのだろう。そしてそれはやはりそれらのものが生活内容を同じゅうしていることから導き出されているのだと思われる（同書、七七〜七八頁）。

ともするとわれわれは生物の集団をイメージするにあたり、直ちに生殖の関係を思い浮かべてしまうが、今西は「血縁的関係以外の要素」も生物の集団を考察する際に重要だと考えているため、あえて「同種の個体」という必ずしも生殖を連想させない語を用いて、生物の集団的関係を多面的に把握しようとしている。そうした姿勢から、一般的には人間に限定される「社会」という関係が、人間以外の生物の射程に収められることになる。この箇所は後述する『遊牧論そのほか』（一九四八年）とも連動する内容であることも、あらかじめことわっておく。

個体間の交互作用的な働き合い、縄張りによる相互限定といったところで、その生物の生活内容のいかんによってはそれがかならずしもわれわれにまで明瞭に認められない場合も少なくないが、しかし原則的には同種の個体が相集まれば、そこになにか同種の個体であることによってのみ生じうるような状態が発生し、そういう関係が持続的に成立して行くところには、そういう集団が家族とか群れとかいうような構造にまで発展しているといっても、要するに同種の個体の集まりでもない種というものもなければ、種というもので同種の個体の集まりでないものもないのである。植物のようなものにも、寄生虫のようなものにも、やはり一定の分布地域というものがきまっているということは、種というものがその中で個体の繁殖し、また栄養をとる一つの共同生活の場であることを意味し、またその限りにおいては種というものの中に、根原的になにか社会というものを意味するものが含まれていなければならないと思うのである。そういう意味において社会性ということは、このもとは一つのものから生成発展し、どこまでも相異なるものの世界においてどこまでも相似たものが存在するという、この世界の一つの構造原理であり、それが構造原理であるというゆえんは、相似たもの同士はそこまでも相対立しあうものであり、相対立しあうもの同士はどこまでもその対立を空間化し、空間的に広がって行かなければならない存在として、社会性はこの空間的構造的一面を反映した、この世界を形づくるあらゆるものに宿っている一つの根本的性格なのであるかも知れないのである（同書、九二〜九三頁）。

こうした社会性の観点から今西は種社会、同位社会、および複合同位社会という三層構造から生物の社会を構想する。この構想を血肉化するのが上山の指摘するように『生物社会の論理』の課題になるが、他方で今西は「第五章　歴史について」において独特の進化論に対するスタンスを提示している。

進化論に対するスタンス

まず注目したいのは、この章で今西が示す種社会についての見通しが、第一章で触れた田辺元の「種の論理」に近似的だということである。

個体をその構成要素とする種社会というものは、個体に対する一つの基体とも考えられるが、もともと個体がさきになったのでも種がさきになったのでもない。すると個体と種との関係もやはり部分と全体の関係として、それは自己同一的な構造を示すものといえるであろう。したがって種の全体性にはやはり個の主体性といったようなものが考えられてもいいと思う。種もまたみずからをつくり行くものでなければならないからである。種の起原は種自身になければならないのである。しかしながら生物の種社会というものは、個体の、家族の、あるいは群れのそこにおいてある場所としての広がりを持つという点で、空間的であり、またその意味において形態的であるという以外に、個体に見るような全体性なり主体性なりの表現に乏しいものであるといわざるをえない。このように解することは確かにわれわれの実感に裏づけられた直言であると思う。おそらく全体としての種において、部分としての個体が、全体としての個体における部分同士のように緊密に結合していないということも、この場合考えられているであろう。そして全体を離れて部分は存在せず、部分を離れて全体が存在しないということはいいえても、一般には部分の中に全体が含まれているとはいいえないと考えられているであろう。そしてそれはたぶん個体が生殖細胞という特殊な部分から再生する現象に捉われすぎているからであろう。けれどもこのことは別の意味ですこぶる重要なのである。生殖細胞から個体が発生するということは、つまり個体においてその部分が分化するということである。個体における全体性ないしは主体性の発展はすなわちこの部分の分化ということに即応するものであった。ここに個体の主体性が発展するところにすなわち世界の主体化があり、個体はすなわち世界の中心であるといったことが思い出される。これに対して種はその部分としての個体間に一般に分化が認められない。個体が種の中に含まれているといえるとともに、どの個体の中にも同じように種が含まれている。どの個体からでも種はつくられて行く可能性がある。個体はすなわち種であり、種はすなわち個体である（同書、一一二〜一一三頁）。

性急な読者であれば「そこにおいてある場所」という表現を見つけて、そこから直ちに今西錦司は西田幾多郎の見地で生物を考察していると結論づけることだろう。けれどもこの引用文を注意深く読めば、全体と部分の不可分性と「部分の中に全体が含まれているとはいいえないと考えられている」ということは別だという考え方が示されているのであり、そして後者の考え方が西田哲学と重ね合わされている。そして「種はその部分としての個体間に一般に分化が認められない」という今西が擁護する考え方を突きつめて考えると、田辺元に突き当たる。

今西は「哲学のことごも」（一九七一年）のなかで、上山から指摘された西田哲学からの影響を強く否定し、むしろ田辺の連続講義を二度受講したことを強調している。第一章で触れたように、上山は戦友の和田稔より「田辺元の一番弟子」と呼ばれたこともあるので、今西を評価する際に田辺に言及しないのは、戦時中の過酷な体験に由来するアンビバレントな感情ゆえのことだろう。むしろ西田左派に分類される梯明秀がインタビューのなかで次のように西田と田辺の違いを際立たせていることが、今西の両哲学に対する態度を代弁するものと思われる。

唯物論における主体性のモメントを問題にするときに、戦前の時期からボクは、独りでに、三木とは異なった西田・田辺の両哲学が利用できることを発見していた。二人とも観念論においてのことであったが、田辺が、歴史における主体性の立場の契機を自覚的な人間として個人主義的にとらえてあるのに対して、西田は、それよりももっと広い概念、すなわち「個人がそこにおいてある場所」という概念を、提起していた。これが昭和七年ぐらいの頃ですよ（梯前掲書、三三一頁）。

厳密に言えば種と個体を密接に関連させる発想は、田辺が絶対的弁証法から種の論理に移行する経緯に注目すれば自ずと浮かび上がるテーマだが、本書で問題にしているのは田辺哲学の理解ではなく、とりあえずの課題は今西生物学の真意を探ることだから、ここでは西田哲学とつなげられていると思われる「生殖細胞」に関する叙述に注目することにしよう。なお梯自身の哲学については、主著の一つである『社会の起源』(一九三六年)との関連で論及することとする。

第四章「社会について」の分析でも示唆したように、今西は生物の集団を生殖を目的としたものに限定することをできるだけ省いて、「血縁的関係以外の要素」を「生物の社会」のうちに見出すことに極力努めている。こうした今西の態度は、次のような遺伝子決定論的な論調に対する批判として現れる。

もちろん生物が変異することは進化の端緒であり、創造の示現である。だから自然淘汰説は三六〇度の変異を認めて、生物の創造性を全幅的に認容しているではないかといわれるかもしれないが、結局環境に淘汰されていわゆる優勝劣敗の優者しか残りえないものとするならば、生物のやっていることは創造ではなくして投機である。進化は必然の自由によってもたらされたものではなくて、偶然の不自由に由来するものである。生物がこの世に現われて以来じつに何億年何十億年を閲したことか。その間に生活した生物はすべて環境に対して働きかけ、また環境によって働きかけられていることによって生きてきた。ひとり生物の変異にかんするかぎり、生物はその生活の指導原理から遊離し、環境から超然として偶然のなり行きのままに拱手傍観してこの長い歳月を送ってきたということがありえるだろうか。たとえ変異のメカニズムが生殖細胞内の微妙なからくりによるものだとしても、生殖細胞のみが身体の外に超然と存在しているものでもなし、その身体の延長が環境であり、環境の延長が身体であると考えるならば、およそ生物の生活内容に身体から超然とし、環境から超然とした部分があるなどとどうして考えられるであろうか（今西前掲書、一四四～一四五頁）。

厳密に言えばダーウィニズムの自然淘汰と生殖細胞レヴェルの話は同一のものではなく、それどころか二〇世紀初頭の両者は対立し合う関係にあったのだが、その後両立可能な関係に落ち着きつつあったこと、また「生殖細胞内の微妙なからくり」と目されるＤＮＡが遺伝物質であることが確定したのが戦後まもなくであることを考慮すれば、ここでの今西の議論が世界最先端レヴェルの生物学の見地を踏まえたものであることが分かるだろう。それどころか生物に社会性の次元を持ち込んだ議論がなされるのは、戦後もしばらく経った一九七五年にウィルソンが『社会生物学』を刊行してからであること、しかもウィルソンのこの著作のもつイデオロギー性をめぐって社会生物学論争が勃発し、その経緯を考慮して行動生態学と呼ばれるようになったことも考え併せれば、今西の『生物の世界』は戦時中に執筆されたものであるにも関わらず、現在でも未解決なさまざまな課題を提示した名著だと言えるだろう。なお社会生物学については、上山の議論との兼ね合いで少し後に取り上げる。

神話の創出から多元的学問観へ

だいぶ『生物の世界』に深入りしてしまったので、大急ぎで今西錦司のその後の思索をまとめたうえで、上山春平に話を戻すことにしよう。繰り返しになるが、戦後に刊行した『生物社会の論理』のなかで今西は『生物の世界』の段階では示唆にとどめていた同位社会、複合同位社会を具体的に説明する。

とりわけ重要なのは、しばしばダーウィニズムと対置され今西の代名詞とされている棲みわけ原理が、同位社会を説明するために導入されていることである。つまり「水温のちがいとか気温のちがいとかいう、大地域〔中略〕にまたがる場のちがいを反映した」棲みわけが「第I同位構造」、そして「流速のちがいというような、むしろ小地域内にみられる場のちがいを反映した」棲みわけが「第II同位構造」と名づけられる。このように環境の違いにより地域を分割する発想は、どこかで今西の弟子である梅棹忠夫が文明の生態史観を着想するヒントになったと思われる。

これに対して上山によれば「第五章　歴史について」の流れを汲むとされる『人間以前の社会』の方は梅棹の生態学的思考には特に影響を与えることなく、今西の独自の思索を示すものである。とりわけ昆虫の世界のうちに今西が発見した「個体維持」と「種族維持」を同立させる「超個体的個体」は、先述の「個体はすなわち種であり種はすなわち個体である」という考え方の具体例だと捉えられる。

こうした思索を重ねたうえで今西が到達した結論が集約的に示されているのが、「自然学の提唱――進化論研究の締めくくりとして」（一九八三年）である。そこで今西は次のように生物的自然の三重構造という見方を打ち出す。

われわれがこの自然の中で出会うすべての生物は、植物であれ、動物であれ、みな個体という姿をとっている。これはわれわれのつねに経験しているところで、これ以上の説明はいらないだろう。つぎは種社会、これは私の特殊な用語だから、ちょっと説明を要する。解りやすくいえば、種の個体全体をその中に含んだものであるが、単なる容れものではない。そうかといって、これは概念的な構築物でもない。種社会は認識可能な実在物であり、それ自身が主体性をもっている。種社会を構成しているそれぞれの種個体は、この種社会にたいして帰属性をもち、つねに自分の属する種社会の維持存続に貢献している。第三の最後の構造単位は、私の用語にしたがうならば、生物全体社会である。これは地球上に現存するすべての種社会によってつくられたものである（今西前掲全集、第一三巻、六〇～六一頁）。

こうした三重構造は、前述したように田辺元の提唱した「個」－「種」－「類」からなる「種の論理」を髣髴させるものではあるが、今西の場合は種個体ないし種社会は環境という外部世界との関係があるし、また田辺の弁証法の論理構成ではなく「認識可能な実在物」とされるから、あくまでも両者の類似性は外見上のものと言うべきだろう。ただし先ほどの梯明秀の談話が指摘した種の論理の「個人主義的」性格を強調すれば、種個体と種社会を表裏一体と見る今西の着想は田辺経由と考えてもいいだろう。

こうした三重構造に注目したうえで、上山は今西の言う次のような「創生の神話」に目を転じる。

私の進化論でみなさんを困らせるいちばん大きなところは、どこにあるかというと、進化は個体からはじまるのでなくて、種社会を形成している種個体の全体が、変わるべきときがきたら、みな一斉に変わるのである、ということにあるらしい。この説明にたいして、私はまだ仮説の域にある創生の神話を、援用しているのである。すなわち、生物のはじまりは、多数の高分子が変わるべきときがきて、多数の生物個体になった。またそのときが種社会のはじまりであるとともに、種個体のはじまりでもあった。これからのちこの二者が生成発展してゆくところでも、変わるべきときがきたら、この種社会の成員である種個体の全部が、同時に一斉に変わることによって、種社会そのものもまた変わってゆく、と考えていったいどこが悪いのであろうか。これは創生の神話が、何億年たっても引きつがれている、というだけのことにすぎない（同書、六四頁）。

こうした「創生の神話」を上山は「当分のあいだ検証も反証もできそうもない仮説」と捉えている。

近年の分子生物学の研究によれば、突然変異が個体から種全体にいたる計算方法は多数存在し、こうした今西の粗雑な仮説はまさしく「神話」以外の何物でもないと一掃されそうである(木村資生『生物進化を考える』岩波新書、一九八八年)。それはそうと、「創生の神話」を持ち出すことで「自然科学への訣別宣言」をおこなおうとする今西を、ふたたび自然科学に呼び戻そうとするために、上山は二つの学問観を提示する。

まず上山は「同じく生物の社会構造を研究対象としながら、ダーウィンの理論に高度な親近性をもつソシオバイオロジーの観点を採用する人と、今西さんの生物社会学の観点を採用する人が、平和的に共存している」と「現在の日本の生物学界」を描いた上で、まずは前者が一元的学問観に立っているとする。ここで想定されている「ソシオバイオロジー」とは寺本英が提唱する生物物理学のことであり、前述したウィルソンの「社会生物学」とは必ずしも一致しないが、それでも今西のように種を基調とするのではなく、ダーウィンと同様に個体の特別変異を土台に考える点では、「ソシオバイオロジー」と「社会生物学」はほぼ同じものとみなして構わないだろう。

いずれにせよ社会生物学で前提されているのは「一番根底に物理学があって、これが基礎となって化学というものを基礎づけてゆく。その姿はたとえば量子化学というものを基礎づけてゆく。さらに化学で生物学を基礎づけてゆく。これは分子生物学などにはっきり示されている」という、普遍学のイメージである(図1)。これに対して上山は、今西からの示唆を受けて次のような多元的学問観を打ち出す。

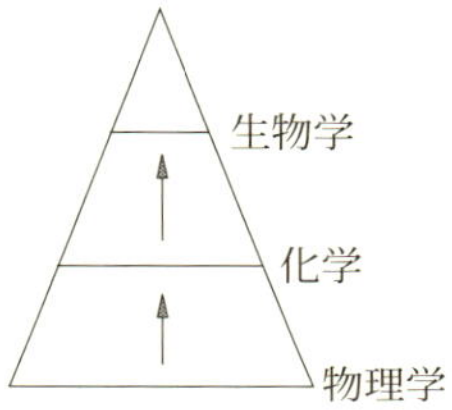

図1　一元的学問観（普遍学の視点）
（出典：第9巻512頁）

普遍学というのが、いろいろな学問の世界の中の一つとして片隅に位置づけられているが、その隣に地球学というのがある。この地球学というのはどういう学問分野かというと、これは普遍的な観点に必ずしも立っていない。学問としての普遍性に立つ前に、人間がこの地球に住んでおり、その人間が学問をつくっている、という偶然的、党派的な観点に立っている。学問は人間がつくった道具であり、人間が地球上に住んでいるために地球に大変関心がある。だから広い宇宙の中のチリクズみたいな存在であるこの地球が、人間のつくる学問の世界ではすごいウェートをもっている（第九巻、五一二頁）。

上山の説明が少し込み入っているので、ここでは図2をもとに解説するのが理解の弁になるだろう。図2のいちばん右端に示されているのが、図1で示された普遍学のモデルである。そのなかの三層構造のうちの上部をなす化学と生物学の視点が地球学の土台をなして、そこから自然学の視点が形成される。そしてその自然学が土台となって社会学と自我学が形成される。

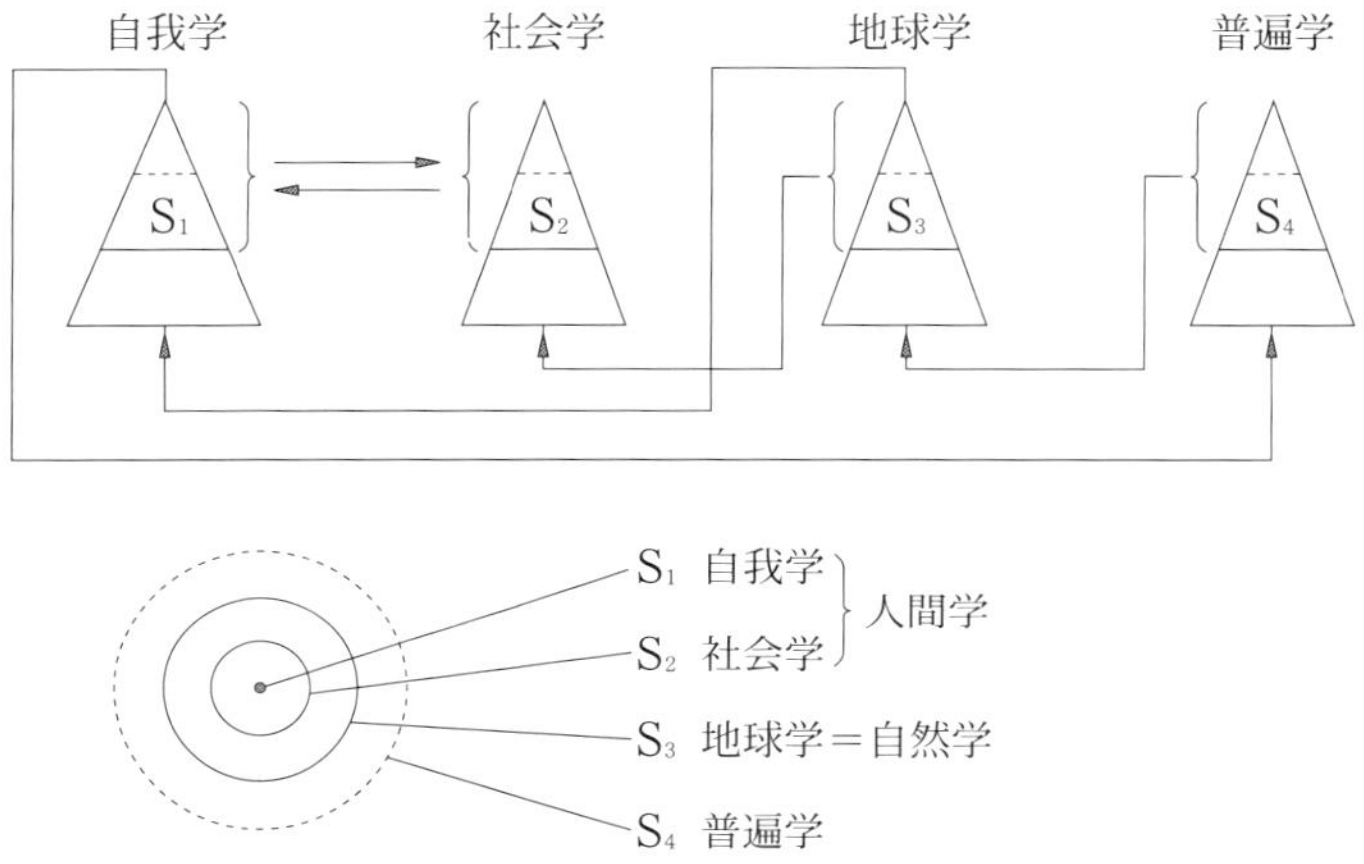

図２　多元的学問観（出典：同巻513頁）

図2を見る限り社会学と自我学の関係がどうなっているのか一目では定かではないが、両者の関係についてはハイポサイエンスを論じるエピローグで考察することとし、ここで確認しておきたいのは、今西錦司の議論を経由して上山が、第三章で扱った生態史観と唯物史観を含む人間社会についての思想を、地球学の視点を土台に再構成しているということである。すでに述べたように上山は当時支配的だった唯物史観を梅棹忠夫から借用した生態史観を用いて相対化しようとしたものの、広松渉を筆頭とするマルクス主義者たちの反感を買った。そこで上山は視点を人間社会だけでなく広く自然界にまで広げ、そこで「生物の社会」を論じた今西生物学と遭遇して、それまで奉じていた多系発展説を発展的に解消した比較文明史の視点を獲得するのである。

第一次文明と第二次文明

残念ながら上山春平は「比較文明史」を主題化した著作を残しておらず、『日本文明史の構想』の序説および第一部と第二部のなかで、その全体像を示唆するにとどめている。本論に相当する日本文明史の部分は丸山真男と比較する第五章で論じることとし、ここでは比較文明史の構造を概略化することとする。

比較文明史の視点は、次のような上山の叙述に凝縮的に表現されている。

私は、人類の文明の歴史を、広義の産業革命以前の第一次文明（農業社会の文明）とそれ以降の第二次文明（工業社会の文明）とに両分する観点から、シュペングラーやトインビーとちがって、西欧文明を第一次文明と第二次文明に両分し、また、日本文明についても、これを第一次文明と第二次文明に両分する。

こうした観点から、まず、第一次文明における西欧文明と日本文明の位置づけを試みてみると、両文明は、ともに、いちじるしい後進文明であり、紀元前三〇〇〇年前後にスタートしたメソポタミア文明やエジプト文明にくらべると、四〇〇〇年近くもおくれて、ようやく世紀七〇〇年代に、西欧文明はローマ文明の、日本文明は中国文明の周辺文明もしくは亜流文明としてスタートする。そして、おそくとも十二、三世紀以降には、両文明とも、きわめて似通った「封建制」とよばれる政治体制の形成をふまえて、ささやかながら独立の文明としての個性を確立する（第一〇巻、九〜一〇頁）。

この叙述を素直に読めば、第三章で集中的に論じた梅棹忠夫の「文明の生態史観」で提示された第一地域と第二地域の区分を、それぞれ周辺文明である日本・西欧文明と中心文明であるメソポタミア・エジプト・中国文明の歴史に移行させているように読める。またいささか位相がずれるが、「第一次文明」と「第二次文明」という命名自体が梅棹の「第一地域」と「第二地域」を意識したものと受け取られるだろう。

上山自身も「西洋文明と日本文明の歴史は、ほぼ平行に進んでいる」と見なした点で「梅棹忠夫の指摘は正しかった」と認めてはいる。けれどもこと第二次文明の時代に限定すれば梅棹が「これまでのところ、日本文明は、西欧文明の周辺文明ないし亜流文明の域を脱し切ってはいない」と捉える点で「日本文明と西欧文明とを平行に進化する同格の文明としてとらえた点には、賛成できない」とする。この結論だけに着目すると、第三章で見てきたように加藤周一をはじめとするいわゆる進歩的な知識人と同様、アジアの中心的地域、梅棹の言うところの第二地域の発展に背を向けて、ある種の近代主義者に転向したかに思える。

けれどもわれわれは第一次文明と第二次文明を識別する際に上山がそれぞれ、農業社会と工業社会という具合に産業の観点で歴史を捉えていることに十分注意する必要がある。また意外と見落とされがちな点であるが、上山が終始「文化史」ではなく「文明史」を提唱していることにも留意すべきである。こうした点に気をつけたうえで、上山が言うところの「文明」の意味内容を検討してゆくことにしよう。

二つの「革命」

まずは「文明」と「文化」の違いである。周知のように「文化」のもつ意味合いは、「世界における最高水準を自負する〔中略〕政治的ならびに経済的な達成」を背景に「イギリス人とフランス人たちが」自分たちの「学問や芸術等をひっくるめて「文明」とよん」だのに対抗して、主として「一八、九世紀のドイツの思想界」が、自分たちの精神性の優位を強調して「文化」をもち出したことに起因する。これに対して上山は「イギリスやアメリカの人類学者たちは、精神的なものも物質的なものもひっくるめて、あらゆる人間の生活様式を、「文化」とよぼうではないか」という主張に同意して、むしろ「文化」を広い意味にとって「文明」を高水準の「文化」とする見方を打ち出す。

こうして図3のような具合に文明と文化の関係が整理される。これによれば、文明一般にある水準以上の社会の文化と同値であり、その文明一般から近代ヨーロッパ文明以外の文明と近代ヨーロッパ文明が分化し、そして近代ヨーロッパ文明からドイツ風の「文化」とドイツ風の「文明」が枝分かれすることとなる。すなわちドイツが自らの精神的優位性を指標にしていた「文化」とは、文明一般から由来することがここで示されるのであり、問題の焦点はある水準以上の文化がどのようにして文明となり、その文明がまた二つの文明に分かれたかになる。

そこで上山は先ほど示された比較文明史の観点を導入して、図3を図4のように書き換える。ここで変更されたのは、文明一般から近代ヨーロッパ文明以外の文明と近代ヨーロッパ文明といった地域的な区分ではなく、二つの革命を経ているかどうかの区分が導入されたことである。すなわち文明A_1が産業革命を経過した社会の文明であるのに対し、文明A_2は都市革命を経過した社会の文化とされ、そしてそれぞれが第一次文明、第二次文明と同一視される。

図3

- 文化A
  - 文化A_2（ある水準以下の社会の文化）
  - 文化A_1（ある水準以上の社会の文化）

＝

- 文明A（文明一般）
  - 文明A_2（近代ヨーロッパ文明以外の文明）
  - 文明A_1（近代ヨーロッパ文明）
    - 文化B（ドイツ風の「文化」）
    - 文明B（ドイツ風の「文明」）

（出典：第10巻63頁）

図4

（出典：同巻64頁）

それでは「都市革命」と「産業革命」という二つの革命は、どういう関係にあるのか。そこで上山は、次のような新たな歴史区分を提唱する。

(1)自然社会　自然社会には、まだ国家はない。そこには、血縁的もしくは擬似血縁的共同体（部族組織）がみとめられ、社会組織は、家族と血縁的共同体という二重構造をなす。

(2)農業社会　自然社会が、農業革命によって、農業社会に移行する過程において、血縁的共同体の機能が、国家と地方共同体に分化し、社会組織は、家族と地域共同体と国家という三重構造に発展した。

(3)工業社会　人類社会の先進的部分は、産業革命によって、農業社会から工業社会への移行過程にさしかかっている。この過程において、国家の機能は、国際機構とその下部機構としての国家（国際国家）に分化し、それに並行して、地域共同体の機能に、職業共同体（職能組合、企業組合等々）に吸収され、社会組織は、家族と職業共同体と国家と国際機構という四重構造に発展する方向を示している（同巻、九五〜九六頁)。

こうした区分は、社会組織の分化の仕方に注目すればかなりの程度までヘーゲルとマルクスからの影響が認められるが、こと自然社会に限定すれば、わざわざ「擬似血縁的共同体」に言及する辺りは前述の今西錦司の『生物の世界』で提示された「生物の社会」を髣髴させる。また「産業革命」はともかくとして「都市革命」という聞き慣れない語が、ここで言われている「農業革命」と関わりがあることが知られる。

文明史の三段階

それでは農業革命と産業革命は、いつ頃のことになるのか。まずは自然社会だが、上山は新石器時代の西アジアから農業と牧畜が現れることに注目する。これを受けて「紀元前四〇〇〇年ころから大河流域の低地に展開された大規模な灌漑農耕の成立」をもって、農業革命が開始されたとする。ここから農業革命は「都市を生み、国家を生み、文字を生み、金属器を生んだ」とされる。最初の都市国家が成立したのが紀元前三〇〇〇年ころとされるのだから、「農業革命」と先述の「都市革命」のあいだには、約千年ほどのタイムラグがあると考えられる。

注意したいのが、先述のように農業社会と第一次文明が同一視されていることである。つまり「乾燥地域と湿潤地域にまたがるユーラシア大陸の東西の二大帝国、漢・唐帝国とローマ帝国」が第一次文明の代表格であり、いずれも封建制を特色とする。他方で一〇世紀前後を境にして「乾燥地域における旧帝国のパターンを継承するコースとならんで、大陸の周辺の湿潤な森林地域に登場した新たなタイプの国家のコースが展開されはじめる」。これが工業社会、すなわち第二次文明の先駆けとなる。

先述のように第二次文明への道筋を切り開くのが産業革命だが、その産業革命を上山は「石炭エネルギーを利用する蒸気機関の発明」とか、これに伴う「織物工業」や「交通機関の機械化」といった狭義の産業革命に限定しない。それはむしろ「生産方法の体系的な機械化を中心とする、社会と文明の根本的変革」として広く捉えられるべきであり、それゆえ産業革命は「現在、地球規模において進行中であり、まだ終結していない」と考えられている。この論点は今後の世界情勢を考察するうえできわめて重要なので、エピローグで詳しく取り上げたい。

他方で上山は第二次文明への転換については、第一次文明とは違って「大陸の周辺の湿潤な森林地域」の両端に存在する西欧と日本のあいだはパラレルではないと言う。言うまでもなく日本における工業社会への転換は「十九世紀後半の明治維新を転機」とするものであり、それゆえ「西欧文明は「第二次文明」の世界において、「第一次文明」の世界におけるメソポタミア文明に対応する先導の地位を獲得した」ことになる。

そうして見ると、上山の主張する文明史の三段階説によれば、第一次文明の形成において西欧と日本が、梅棹忠夫の言うところの第二地域に相当するメソポタミア文明と中国文明の後塵を拝するという意味でパラレルであるのに対し、第二次文明の形成においては、今度は西欧が先達となりそれに日本がつき従うかたちであることが分かる。だとすれば上山の文明史の構想は、梅棹の主張する文明の生態史観と従来的な西欧を尺度とする近代化論の折衷と見ることができる。

これが有効であるかどうかについては、第五章で丸山真男との比較で考察することになる上山の日本文明史の枠内で論じることとし、こうした上山の立論が果たして新京都学派の先輩である梅棹とその師である今西錦司の主張と整合するかについてしばし考えてゆきたい。

牧畜社会の位置づけ

上山春平と、梅棹・今西のあいだには理論上齟齬があることを示唆したのが、第三章でも論及した広松渉である。広松は梅棹の『狩猟と遊牧の世界――自然社会の進化』（一九七六年）における、上山の三段階説についての次のような論評に注目する。

わたしがここでとりあげようという社会の諸類型、ないしは生活様式、すなわち狩猟・採集社会、あるいは牧畜社会というようなものは、いずれも農業社会を経験しなかった社会であるということになります。農耕をやっている人たちのなかでも、さきほど例にあげましたニューギニア高地における原始農耕社会、これは穀物の大量栽培をやっておりません。農業革命を経験していない農耕社会であります。そういう原始農耕社会もふくめて、これらはすべて自然社会のカテゴリーのなかにはいる社会であります（梅棹前掲著作集、第八巻、五三一頁）。

さらに広松は今西の著書に『遊牧論そのほか』があることにも着目し、彼の言うところの「今西学派」の主張を次のように要約する。

今西学派は、そのかぎりで、遊牧の多元的起源説を採り、原始的農耕から遊牧へという副線をも認めたうえで、基軸としては狩猟から遊牧への移行を主張する。そのさい、遊牧生活の初期形態にあっては、狩猟による補完といった途がありえたと想定される（『生態史観と唯物史観』講談社学術文庫、一九九一年、一〇三頁）。

先述のように広松の上山批判の主眼は上山が生態史観を経由して唯物史観を相対化していることに向けられているが、広松は上山の文明の三段階説ないし、上山の依拠する生態史観そのものの妥当性を正面切って論じずに、梅棹および今西が主張した農業社会と牧畜社会の関係を上山が見落としていることを言い立てて、返す刀で牧畜社会から産業社会までの生態史観的な発展のロジックを射程に入れていることを自負している。

先述するように『生態史観と唯物史観』は、広松の主著になる予定だった『存在と意味』の第三巻の一部の論述を前倒しして書かれたものなのだから、考えようによっては梅棹の生態史観および上山の三段階の文明史の構想は広松にとって相当の脅威だったと推測できるのだが、広松の持論の妥当性はさておき、上山が今西錦司の意図を無視していたかどうかは慎重に判断しなければならない。なぜなら広松の参照する今西の『遊牧論そのほか』には、次のような論述が認められるからである。

森林の動物や、ステッペの動物といえども黄羊などにはみられなかった、持続的な安定した群れをつくり、したがって規準的な遊牧生活をなす動物の存在を、わたくしはここに考えてみようと思うのであるが、これはいまのところ、まだ仮定の域を脱しきれていないものであることを、一応お断りしておこう。〔中略〕すなわち、ステッペに野生していた馬の群れなり羊の群れなりが、かの熱帯林の梢上に生活するサルの群れと同じように、血縁的・地縁的な一つの社会単位として、群れの維持と同時に、その群れによってたつ一定の遊牧圏を維持して、みだりに他を冒さないという、理想的な群れ社会をなしていたものと仮定することにほかならない。

そしてもし、こういった群れが実在していたと仮定するならば、これに対して狩猟生活者の側には、いかなる変化が生じてくるのであろうか。まず、この群れは、それが結びつけられている一定の遊牧圏から、逃げ出すおそれがないであろう。したがって狩猟生活者は、狩猟における第一の前提ともいうべき、獲物の捜索ないし発見という負担から解放される。かれらはもはや獲物にあぶれるかもしれないという心配をする必要がない。その遊牧圏というものが相当広い地域にわたっていて、群れの存在を確かめるのに手間がかかるようなら、かれはその群れについて群れの存在を見失わぬように移動をつづけることもできるであろう。そうなると、群れの遊牧にしたがって動く人間のほうも、知らぬ間に一種の遊牧形態をとっている。それは牧畜以前において、すでに遊牧しているとさえいえるのではないか。換言すれば、人間の遊牧は、動物の群れの遊牧に誘発されて、すでに狩猟時代からはじまっているものということができよう。

こうした群れの遊牧圏にはいりこんで、群れといっしょに行動しているあいだに、その狩猟生活者は、いつしかその群れが自分に与えられた群れであり、自分の所有にかかる群れであると考えるようにならないのだろうか（今西前掲全集、第二巻、二二五〜二二七頁）。

こうした仮説は荒唐無稽なものに思えるかもしれないが、本章との兼ね合いで注意したいのはここで今西が『生物の世界』の議論を踏まえて、野生動物が自発的に「血縁的・地縁的な一つの社会単位」

を形成していると想定していることである。むろんこうした「社会単位」は人間社会のロジックをロマンティックに動物に投影させたものに過ぎないと一蹴することもできるが、動物の「群れにはいりこんで」「群れといっしょに行動しているあいだに」「いつしかその群れが自分に与えられた群れ」であると思うというくだりは、家畜が登場するまでのプロセスの説明として独特の説得力をもっている。

私見によれば、ここで今西は人間と動物の双方にある種の自由の意識をもたせているように思われる。一般に動物の家畜化というのは、生け捕りにした野生動物を人間が餌づけするなどして動物を手なずけ支配するように受け取られがちだが、当の動物がもしも「家畜化のために人間が骨を折りさえすれば、すべてがすべて望みのないものでもなかろう」という特質をまったくもたなければ、家畜化は成立しようもないものであり、それゆえ今西は人間の群れが動物の群れに入り込むという想定をおこない、動物がある種の自由意思に基づいて人間の家畜化に応じるという考え方を示したのではないだろうか。そもそも食物を求めて移動するということ自体が、人間であれ動物であれ目前の環境を改善したいという現れであり、それゆえ牧畜社会の成立は農耕社会の準備段階と考えていいのではないか。

もちろん今西が言うように牧畜の起原には「狩猟生活から発展し」た狩猟起源説と「農耕生活の存在を前提とし」た農耕起源説の二種が存在するのだから、農耕社会に進まない牧畜社会も存在することにはなるのだが、例えばどんな動物の群れに入り込んでもすべての動物が人間に馴れるとはかぎらないように、すべての牧畜社会が農耕社会に移行するとは限らず、牧畜社会のままであろうとする集団も存在するのであって、これらの選択は動物や人間の自由意思に基づくものである。

ただし「大陸の周辺の湿潤な森林地域」は中央部とは違って気候の変動が激しく予想がつかないという条件にあるから、そうした地域で生活する人間は自ずと周囲の環境を改変する農耕社会に移行する確率が高いという風に、上山は今西と梅棹の所論を自己流に改変したのではないだろうか。そうだとすれば、いささか論旨が飛躍するのが、第三章で触れた恐らくは広松が不快に感じた上山による三二年テーゼの検証も、第二地域とは別の第一地域に根差した生活者の自己決定として受け取れるのではないか。

要するに言いたいことは、上山の言う文明史の三段階説は広松が考えるような全人類が必然的に推移する法則のようなものではなく、ある自然条件と連動して「第一次文明」のパラダイムから離脱する決断をおこなうというように考えていたのではないか。もちろん「第一次文明」のままにとどまるというのもある種の自然条件のもとになされた自己決定であり、いずれの道筋も尊重するというのが上山の趣旨だと考えられる。もちろんこのことは、上山が多系発展説を主張したことと両立する。

梯明秀との比較

このように文明史の三段階説において人間の自由な選択を主張するというのが、上山の議論の大きな特徴をなす。このことを左右の論客である梯明秀と高山岩男との対比で考えてみよう。

すでに述べたように上山は梯を含めた西田左派の論客を集めた座談会の司会を務めており、上山自身も愛知教育大学時代にマルクス主義者との交流をしていたのだから、上山にとって梯は新京都学派の面々以外ではもっとも強い影響を受けていると考えられる。けれどもその梯も広松と同様、歴史の展開にある種の必然性を持ち込んでいる傾向が見受けられるので、その点をここで確認しておきたい。

先述のインタビューのなかで梯は、見ようによっては今西錦司にも通じる自然史の構想を次のように説明する。

資本主義社会をも自然史的過程として捕えるということは、ただ原始共同体まで遡るだけのことではなく、その人類の発生史を含めた地球をも時間的にとらえる、ということになってくるわけやね。生物学の領域においても、ダーウィンの進化論も、今は常識になってしまったけど、やはり時間の過程を念頭においていたはずだ。地球を含めた天体、とくに地球に人類が住み、生物が住んでいるということにおいて、地球全体を時間的につかまえるということが、自然史、いや全自然史的過程とか宇宙史的過程とかいう概念を、生むことになったわけやね（梯前掲書、三二九頁）。

こうして梯は今西学派が射程に収める「生物の世界」よりもさかのぼって、地球史にまでさかのぼった壮大な自然史の研究に携わった。その成果が『社会の起源』である。それによれば社会史は「自然が単に自然たることをやめたかぎりの自然史」のうえに打ち立てられるべきであり、そこにいたるまでの物質の自己運動は地球史から始まり地殻史を介して、地殻的環境の制約を受けた生物史を経由しなければならない。そこで梯は地質学やダーウィンにいたるまでの動物起源論などの該博的な知識を最大限導入して、原始社会にいたるまでの自然史を展開する。上山の議論との兼ね合いで言えば、自然社会にいたるまでの土台を梯の『社会の起源』が提供するというかたちになる。

けれども上山が依拠する今西の議論と対比して言えることは、梯が動物の集団から読み取る社会性は家族的生活とか群聚的生活にとどまり、先ほど『遊牧論そのほか』で見てきた牧畜生活の基底になりそうな動物の社会のメルクマールを認めていないということである。それは戦後に再版するにあたって書き下ろされた序文にしたがえば「社会の起源についての科学的な研究の諸成果を、唯物弁証法的に実在的な自然史的過程として把握して、そこに宇宙史的必然性の人類の自由が地殻のうえにはじめて成立したこと」を立証することが『社会の起源』執筆の動機としたことからでも明らかである。

つまりは上山なり梅棹なり、はたまた今西が放牧社会にとどまるか、それとも農耕社会に進むかという選択の自由を考察する局面を、梯が認めていないことを示唆している。先述の広松渉も最終的には牧畜社会から農業社会への移行は必然的だと見なしているのだから、梅棹の言う第一地域と第二地域の並行的展開、あるいは上山の言う第一次文明と第二次文明の跛行的展開は、必然性に傾くマルクス主義的発想からは到底容認できないものなのだろう。

高山岩男との比較

それでは右派の論客として知られる高山岩男と比較すると、上山春平の文明史はどのように特徴づけられるのだろうか。経歴から見ると上山は高山が京大助教授時代に学生生活を送っており、高山と接触する機会があったのは間違いない。けれども上山の著作には（批判的な文脈ではあるが）田辺元の名前は認められても、高山自身に対する言及はない。けれども広松渉は『生態史観と唯物史観』とは別に『〈近代の超克〉論』において鈴木成高と抱き合わせのかたちで高山岩男の『世界史の哲学』を話題にしていること、また上山が強い影響を受けた「文明の生態史観」を鈴木が高く評価していることなどを考え併せれば、上山の文明史と高山の世界史的立場は何らかの関係性があると思われる。ここでは『世界史の哲学』より前の『哲学的人間学』（一九三八年）と上山を対比させてみたい。

『哲学的人間学』は「現実界との相対的連関の中に、生命共同体より理性を媒介して個人に発展していく」プロセスを問題にする。ここで暗に批判されるのが「人間を単に文化性の原理のみから捉える誤謬」であり、「理性以外のものを一挙に動物的のものと蔑視して、その中に本格的な人間性を発見しえず、動物性の否定をもって人間の理想とする」ことが批判される。このように文化を基準として人間を捉えないこと、また動物性と人間性の緩やかな連続性を想定している論点は先述の梯の『社会の起源』と一致しており、また文化史ではなく文明史を掲げる上山とも通底している。

そのうえで高山は「日常性における人間の生活事実」を「(1)人が人を生む事実」と「(2)人が物を作る事実」と「(3)生命が自ら形をなす成る働き」という三つの局面に分けて考察する。このうちの(1)を考察する第一章が「人間の原本的社会性」と呼ばれてそこで最初に問題になる社会が「共同団体」と称されること、また(2)を考察する第二章が「労働の現象学」と言われることにかんがみれば、高山は『社会の起源』が到達点とした原始社会から論を起こしていること、また梯が「自然史的過程」のうちに含めていた資本主義社会を、梯とは違ってマルクス主義を排してヘーゲル的な観点で論及しようとしていたことが知られる。他方で上山が文明史において問題にしているのは自然社会から農業社会へ、農業社会から工業社会への転換であるから、考察の射程の点では上山と高山はほぼ同じだと言って構わないだろう。

このように高山の『哲学的人間学』は梯の自然史的過程や上山の文明史と大きく重なる部分があるが、(3)を考察する第三章の「文化の人間学的研究」は両者と相当異なる局面を有しているので、少し詳しくみておきたい。先ほど「個人に発展していく」プロセスが『哲学的人間学』の課題だと述べたが、その個人は「人間の自覚」にとどまらず「人間を超越する超越者に直面」する事態に見舞われる。このように言うと『哲学的人間学』は最終的に宗教を問題にするように思えるが、高山はむしろ「生命が自ら形をなす」表現にとどまって超越者との関係を模索している姿勢を示している。それゆえ第三章で主として話題になるのは神話とか宗教といった、上山の言い方からすれば第一次文明に踏み止まった時代の意味内容を話題にしている。例えば次のような記述に注目しておきたい。

言語、習俗、芸術、神話等はかく人間生活の必然的な構成要素であり、人間生活に根源的な統一を与える共同の紐帯、すなわち生活形式である。かかる生活形式は普通広き意味の「文化」に属するものと考えられる。けだし文化人もなお言語、習俗、芸術等を有し、文化も何らかの形における神話的のものを内に蔵すると共に、神話を起発点として文化が開け来ったものと考えられるからである（『高山岩男著作集』第二巻、玉川大学出版部、二〇〇七年、二三三頁）。

この後高山は前述のような生活形式と高次の文化を区別することを認めながらも、両者の緩やかな連続性を次のように強調する。

生活形式と文化形式との間にかかる相違があるとしても、前述のごとく文化の発達に応じて前者が漸次後者に推移発展することは疑を容れぬところである。そしてこの推移発展が普通連続的のものと考えられていることも明かであろう。文化の発達とはそれゆえ一般に分化の進展を意味し、分化の進展は実は合理化の進展を意味するとされる。そして分別は元来知性の根本機能なるがゆえに、文化の発達とは要するに分別的知性の発達を意味するものにほかならない。さらに知性の根本機能は矛盾対立への分別と矛盾対立者の選択に存するがゆえに、文化の発達は開化せるものの選択と同時に未開のものの棄却を理想とし、矛盾対立者の同時併存すなわち重層性を許さぬがその本来の要求である。この意味で神話は単に宗教と哲学とへ分化するに止まらず、さらに宗教は哲学へ、哲学はさらに科学へと進化するのが文化の発達にふさわしきわけであって、このことはコントのいわゆる三段階説の主張が古典的に代表すること周知のごとくである（同書、二三四頁）。

このように高山は生活形式と文化形式のあいだの連続性を認めてはいるが、他方で前者から後者への移行を推進する理性を超えたところに象徴を見出す。象徴とはすでに述べた「超越者に直面」する事態であり、言うならば狭い意味での「文化形式」は象徴のうちに含まれている。

象徴はかかる超越者と人間との間の唯一の通路でなければならぬ。それは超越者の抹殺ではなく、超越者の自覚的定立を基礎とする。超越者は人間と断絶するゆえに人間の表現を絶すると共に、かく絶することにおいて何等か表現に即しなければならぬ。象徴は表現を借りつつ表現を絶するものである。象徴はそれゆえ超越者を単に暗示し指示するに止まる。象徴を解する立場は人間性の限界に直面する究極自覚の立場である。理性的思惟の立場に留まる限り、我々はいかにしても象徴を解することはできない。否、理性的思惟の立場に象徴はない。象徴は理性的思惟を越えた究極的自覚の立場にのみ存する(同書、三七三頁)。

「暗示」という表現はユダヤ・キリスト教的伝統を想起させるし、また「人間性の限界」という言い方はヤスパースの実存哲学を連想させるものがあるが、第三章の「文化の人間学的研究」において高山が追求する「象徴」の世界は、実質的にはプロテスタンティズムを基調とした一九世紀から二〇世紀までのドイツ思想であって、前二章に相当する「人間の原本的社会性」と「労働の現象学」における一般的な社会性の追求に比すれば、特定の社会を正当化するようにしか受け取れない。上山の視点からすれば、「象徴」は文明一般から分化したドイツ風の「文化」である。他方で象徴を論じるまでの生活形式と文化形式の関係についての記述は、世界一般の理論のようにも思われる。上山の物言いにしたがえば全世界に共通する第一次文明の展開と、産業革命と連動する第二次文明の展開の間隙を埋める努力を、高山は『文化類型学』(一九三九年)と『世界史の哲学』(一九四二年)において模索することとなる。

高山のこれら二書については何回か論じたことがあるので、手短にまとめておく。高山は『文化類型学』において、『哲学的人間学』においては必ずしも十分には説明していなかった文化の問題を論究している。ここでは日本文化・中国文化・インド文化・ギリシア文化・ローマ文化が同列に扱われていることに注意すべきである。周知のように高山岩男はヘーゲル研究者として世に知られているが、ヘーゲルの歴史哲学のようにオリエント世界→地中海世界→ゲルマン世界というような序列化された展開があるとは考えず、むしろ梅棹忠夫に通じるようなヨーロッパ中心主義を相対化する視点を打ち出している。例えば民族は複数存在するがゆえに、民族精神も複数存在するという「歴史的事実」をしっかり受け止め、民族同士の交渉し合うところに「歴史的世界」が成立するという言い方に、このことが表われている。こうした歴史的世界の理解のうえで『世界史の哲学』における「普遍的世界史」と「特殊的世界史」の区別が論じられることに、注意しなければならない。

『世界史の哲学』の行く末

『世界史の哲学』と言えば高山の悪名を世に知らしめた主著とされているが、その刊行までのプロセスには紆余曲折がある。『世界史の哲学』は「世界史の理念」、「人種、民族、国民と歴史的世界」、「歴史の地理性と地理の世界性」、「歴史的時間の諸相」、「歴史的世界の構造」、「歴史主義の問題と世界史」の順に一九四〇年から四二年にかけて高山が雑誌に発表した論文と、書き下ろしの「世界史の系譜と現代世界史」を併せて出版されたものである。

このうちの最初の「世界史の理念」の発表直後に高山は同僚の西欧史家の鈴木成高と激しい論争をおこなっており、座談会「世界史的立場と日本」においても両者の議論は火花を散らしていて、そうした議論が一段落した後になって最後に「世界史の系譜と現代世界史」が発表されている。このように鈴木との論争は高山の思想形成に大きな役割を果たしているが、その鈴木が戦後になって上山の比較文明史の土台をなす梅棹忠夫の生態史観を高く評価していることにも注意して、両者の議論の推移を注視したい。

まずは最初の「世界史の理念」からみておこう。高山は執筆当時の二〇世紀前半におけるアジアの台頭を「ヨーロッパ世界に対して非ヨーロッパ世界が独立しようとする趨勢」として理解する。それまでのアジアはヨーロッパ世界に内属された感があったが、今やアジアは日本を先頭にしてこうした内属化から脱却し、それとともに世界の唯一の基準と見なされてきたヨーロッパ世界が、数ある近代的世界の一つに過ぎなかったことが明らかになったというのである。ここには『文化類型学』で高山が強調していた、それぞれの民族文化は対等だという認識が裏打ちされている。

そのうえで高山は「特殊的世界史」と「普遍的世界史」を区別する。「特殊的世界史」とは「民族と民族の連関から構成される世界」の歴史である。他の民族との関連で捉えられる意味では、西洋史も「特殊的世界史」に属する。これに対して「普遍的世界史」とは「特殊的な世界」と今になって生じた「世界とを構成員とする世界」の歴史である。

こうしてみると『世界史の哲学』の導入部をなす「世界史の理念」の段階での高山は、前著の『文化類型学』の文化相対主義的な視点を踏襲し、西洋一辺倒になりがちな歴史理論の見直しを迫っていると思われる。他方で上山春平的な視点から解釈すれば、農業革命と産業革命をそれぞれ基軸とする第一次文明と第二次文明の関係を、特殊的世界史から普遍的世界史への転換として捉えていると考えられる。

こうした「世界史の理念」の論点が、西洋を軸にして歴史を考える西洋史家にとって必ずしも好ましいものでないことは、火を見るより明らかである。その西洋史家である鈴木成高はまず『歴史的国家の理念』(一九四一年)所収の「世界史と大英帝国」のなかで、イギリスが世界の四分の一をも占める植民地支配を通じて、ヨーロッパという枠組みを超えた世界史的段階に入ったことを力説する。この見方を日本に適用するかたちで鈴木は高山の「世界史の理念」を厳しく批判する。ユーラシアの西端に属するイギリスの見方をそのまま、やはりユーラシアの東端の日本に適用するというこの発想そのものが、梅棹の生態史観と図らずして一致するのだが、戦前の鈴木はそのことを自覚してはいない。

次いで鈴木は前掲書所収の「現代の転換性と世界史の問題」において、従来のヨーロッパ的世界史が真の意味で世界史でなかったとする高山の時代診断を批判するのみならず、高山が前提とする「特殊的世界史」と「普遍的世界史」の区別も受け入れられないと述べる。なぜなら、高山が「特殊的世界史」の事例として言及する非ヨーロッパ社会の歴史の多くは、鈴木の眼からすれば「普遍的世界の圏外」に属するものであって、それらの社会の文化程度がどれだけ高くても、最終的には世界史の展開に寄与するものではないと見なされるからである。それゆえ鈴木は高山が言及する非ヨーロッパ社会の歴史は「文化類型学的」だと断罪し、間接的にヨーロッパ中心主義的な世界史観を擁護する。

こうした鈴木の批判に対して高山は論文「世界史の種々の理念——鈴木成高氏の批評に答う」(一九四一年)において、「特殊的世界史」が「普遍的世界史」につながる道筋については「世界史の理念」の次に発表された「人種、民族、国民と歴史的世界」を参照してもらいたいと反論する一方で、鈴木の所論に歩み寄る姿勢を見せる。つまり「世界史の理念」の発表の時点では、四〇年代を含めた二〇世紀前半が世界史の成立の時期だと診断したのに対し、この論文ではヨーロッパ世界が膨張し始めた一九世紀が世界史の始まりだとして、成立の時期を早めてゆく。

ふたたび上山的な視点より両者の論点を整理すれば、第二次文明を成立させる産業革命が起こった時期を、鈴木が最初にヨーロッパの地で発生させたことを重視して一九世紀と見定めるのに対し、高山はそれが全世界的に伝播した二〇世紀前半としていると考えることができる。そうしてみるとこの議論を受けておこなわれた座談会「世界史的立場と日本」(一九四一年)は、両者における二つの「近代」についての論争として捉え直すことが可能である。

二つの「近代」

「世界史的立場と日本」とは西谷啓治、高坂正顕、高山岩男、鈴木成高からなるいわゆる京大四天王により、太平洋戦争前に『中央公論』の紙上でおこなわれた時局に関連する座談会のことである。開戦後も同じメンバーで二回座談会が開催され、これらの座談会は一九四三年に『世界史的立場と日本』と銘打たれ、単行本として刊行された。哲学的に見るべきものがあるのは最初の座談会のみであり、そこでは今日的な視点から見て興味深い論点が幾つか打ち出されているが、ここでは二つの「近代」にまつわる鈴木と高山の議論のみに絞って考察したい。

鈴木は「現代の転換性と世界史の問題」の余勢を駆って出て、ヨーロッパ文化の優位性を強調し、高山はその意見に反発するものの、鈴木の強い語調に押し切られる。

鈴木　ヨーロッパの文化というのが普遍妥当性をもった文化だった。その文化によってヨーロッパの優位性というものが支えられて、そこにヨーロッパ的世界秩序ができていた。だからヨーロッパ外の世界の台頭ということも、やはり普遍妥当性をもった文化というものに支えられて現れてこなければ嘘だと思う〔中略〕。

高山　文化もそうだが、どうしてこういう事情が生じてきたかという原因として、ヨーロッパ文化の拡張の基礎になっている資本主義というものを問題にする必要がないかな。ヨーロッパの優越性の意識の根源が、直接に文化にあるというよりも、実は経済的技術的な、またそれに基いた政治的な支配性にあったというような……

鈴木　いや、それは根本は文化だと僕は思う。

ここでも高山は鈴木の議論に負かされているが、日本に近代があるかということに話がおよぶと、高山はまさしくその二つの「近代」という論点を打ち出す。

高山　僕はいつでも考えるのだが、日本には近代が二つあると思う。これは一つの新説なんで批評して貰いたいところなのだが。二つの近代というのは明治維新前の近代と明治維新後の近代だ。日本の近世というものはヨーロッパの近世と大体同じ時期に始まっている。ヨーロッパが海外に膨張したとき、日本人も海外膨張をやった。そういう海外膨張の行われた根拠には、個人意識の発展もあるし、商業の発達もある。だから、もし鎖国というものをやらなかったら、近代日本の発展というものは全く別だったかも知れない。ところが鎖国を受けたため、江戸時代の近代精神はヨーロッパとは非常に違った径路をとって、随分性格の違ったものになるようになった。〔中略〕こういう具合にして封建的な性格を帯びた近代精神というものができたと思う。〔中略〕こういう意味で江戸時代は立派に近代性をもっている。この近代精神が維新後ヨーロッパの近代精神と連続して、寧ろヨーロッパ風に転身して、明治以後の日本を造り上げたんだ（同書、二六～二八頁）。

ここで注目したいのは、「近代」が日本文化という「特殊的世界史」の延長線上で捉えられる「明治維新前の近代」と、むしろ「特殊的世界史」から「普遍的世界史」への移行のうちで捉えられる「明治維新後の近代」という二通りがあるという高山の指摘である。

前者の見方にしたがえば「西洋化」と同一視されない「近代」という理解になるが、その「明治維新前の近代」の初期、高山の言い方からすれば「日本人も海外膨張をやった」安土桃山時代において、豊臣秀吉が明国征服の取っ掛かりとして二度も朝鮮に侵攻した事実に注視したい。隣国の韓国ではそれぞれ壬申倭乱・丁酉再乱と呼ばれる文禄の役・慶長の役は、しばしば伊藤博文を中心とした勢力による日韓併合と比較されるが、この一つ目の「近代」における大事件を上山的な視点で解釈すれば、一般には近世初期とされる時代のこの動きは梅棹の言うところの中国・中洋といった第二地域の支配からの第一地域の独立を意味するものであるから、翻って考えれば「西洋化」と連動しない「近代」が存在するという意味合いをもつこととなる。

ちなみに「近世」という語が聞き慣れないと思う読者も少なからずいると思うので、多少説明を施しておきたい。「近世」とほぼ同一視される江戸時代の幕藩体制は、政治的には徳川将軍による中央集権的支配なので近代的な体制だが、こと経済的支配に注目すれば各藩の自主性に任されているので中世的な地方分権的支配という二重性格を有する。それゆえ「中世」と「近代」の中間的な意味合いをもたせるために「近世」という語が造語されたわけだが、梅棹忠夫と上山春平的な視点からなる比較文明史的に見れば、第二地域から独立する第一地域の独立という第一次文明と、基本的には西洋文明にしたがった第二次文明の交錯する時代として「明治維新前の近代」と「明治維新後の近代」があると理解されるだろう。さらに江戸時代はいわゆる「鎖国」体制ではなく、松前・対馬・長崎・薩摩という四か所の海外の窓口があるという理解が最近広まっていることにかんがみれば（トビ『「鎖国」という外交』（日本の歴史第九巻）小学館、二〇〇八年）、高山が言うところの「一つの新説」はなかなか示唆に富むものだと言えるだろう。

広松渉の反応（2）

こうした含蓄の深い二つの近代という高山岩男の提案に対して、鈴木成高の反応はかなり皮相的なものである。

鈴木　高山君の日本に近世が二つあるというのは大体に於て賛成だ、大体として。〔中略〕東洋には古代がある、その古代は非常に立派な古代である、しかし如何に古代が立派であっても、程度の高い古代であっても、それは近代ではないんだ。だから東洋には非常に立派な古代があって、高さにおいてヨーロッパと決して劣らない、寧ろそれ以上のものがあるんだが、しかし東洋は近代というものをもたない。ところが日本は近代をもった、そしてこの日本が近代をもったということが、東亜に新しい時代を喚び起す、それが非常に世界史的なことだ〔中略〕（同書、三三〜三四頁）。

ここで想定されている「東洋」とはおおむね中国のことだと思われる。なぜなら、この鈴木の発言の前に高坂正顕が中国人の論理には「対応の関係があり、配当の関係があるだけで、どうも発展とか演繹の関係は乏しい」と批判しているからである。特に注意しておきたいのは「如何に古代が立派であっても、程度の高い古代であっても、それは近代ではない」という発言である。つまり中国が「非常に立派な古代」であった時代から何の変化もしていなかったのに対し、「近代をもった」日本は東洋の停滞から脱して世界史の舞台に登場したというのが、鈴木の評価である。言うならば高山のようにヨーロッパからの影響とは独立に中国中心主義的な体制から脱しようとした近世の日本を客観的に評価せずに、当時進行中だった日中戦争の目先の勝利の結果を、近世初期のアジア情勢に投影させているのである。

こうした鈴木の物言いに高山は乗せられて、「特殊的世界史」と「普遍的世界史」の区別を放棄して、鈴木の提唱するモラリッシェ・エネルギーの強弱で地域文化の優劣を決定するという貧困な世界史観に転落する。そしてしまいには「世界史の系譜と現代世界史」において、次のように日露戦争を評価するまでに変説する。

日露戦役はいうまでもなく、ロシアの止むことなき東亜進出に対して、我が日本が国運を賭して阻止した行動であった。戦役の結果は当時最大の陸軍国たるロシアを破り、海上にもまた日本の優れた力を示したのである。この戦役は従って重要な世界史的意義を有する事件であるといわなければならぬ。日露戦役は先ずアジアの島国日本がヨーロッパの強国を破った戦争として、維新以来行われてきた日本のヨーロッパに対する抵抗力の強化を如実に示すものである。アジアに於けるヨーロッパへの対抗勢力として、日本の地位には犯すべからざるもののあることが実証され、従来強い抵抗を受けることのなかった世界のヨーロッパ化の趨勢は、ここに極めて大きな否定力に遭遇したのである。〔中略〕次に日露戦役は東亜に於ける安定勢力として、日本がもつ指導的地位を確実に現した事件であるということができる。日本は単に日本としてではなく、いわばアジア諸民族の代表者として、ヨーロッパに内在化せられようとするアジアの超越性を示したのである。この戦役のアジア諸民族に対して与えた影響には極めて大なるものがあった。日本がアジアに対してもつ指導的地位は、この戦役によって定まったということができるであろう（高山前掲著作集、第四巻、二〇〇八年、三〇六頁）。

広松渉はこうした「世界史の系譜と現代世界史」の言説を『世界史の哲学』の根幹だと捉え、これに一九四二年に催された座談会「近代の超克」に先立って書き下ろした鈴木の「『近代の超克』覚書」における「政治においてはデモクラシーの超克であり、経済においては資本主義の超克であり、思想においては自由主義の超克である」という文言を結合させた思想を京都学派を代表するものと考えるが、すでに見てきたように高山の『世界史の哲学』は、先行する『哲学的人間学』と『文化類型学』の議論を踏まえたヨーロッパ中心主義を相対化するものだったことに留意しなければならない。

「文明の生態史観」に対する鈴木成高の反応

その姿勢は考えようによっては、梅棹の文明の生態史観を先取りするものであることを、戦後の座談会「日本文化の伝統と変遷」における鈴木が次のように発言していることから知られる。

鈴木　私は西洋史をやっているわけなのですけれども、中国の歴史、インドの歴史、西南アジアの歴史というものは、非常に異質的なのですね。つまり西洋を見てきた眼でみるとき、日本の歴史は案外に西洋と同質的でわかりやすい。ところがアジアの歴史はわかりにくい。またとりつきにくいのです。これは大ざっぱな大たんなことかも知れないですけれども、日本がたまたまアジアに位置しているということは偶然的なことではないのか。偶然にアジアに位置して、中国文化、インド文化、そういうものの影響を受けて、それを摂取しながら、日本文化というものを作り上げてきたけれども、しかし日本自体の文化の発展過程というものは、それらのものとまるで違う（日本文化フォーラム『日本文化の伝統と変遷』新潮社、一九五八年、六三頁）。

こうした戦前と戦後の鈴木成高の議論を一貫させて考えれば、次のようになるだろう。当初鈴木は自ら専攻する西洋史の研究において導かれた大英帝国の理解を日本に適用する機会をうかがってきたものの、日本とイギリスを結びつけるロジックをずっと見出せないでいた。そうしたなかで発表された高山岩男の「世界史の理念」に対して、自らの専門であるイギリス史を引き合いにしつつ、高山の主張する普遍的世界史の成立はイギリスを中心とする西洋諸国の勢力が全世界を席捲する時期だと主張した。高山は鈴木の主張を受け入れ当初予定していた『世界史の哲学』の構想を、ゲルマン世界の次に日本が世界史の表舞台に登場するという具合に、ヘーゲルの『歴史哲学』の続編として改変したが、高山が日本とイギリスの同質性を打ち出さない姿勢に煮え切れない気持ちでいた。それが戦後の

「文明の生態史観」においてうまい具合にこれら二つの国を結びつける論点が打ち出されたのを歓迎し、かつそれを手掛かりにして戦前の座談会「世界史的立場と日本」で披露した中国文化との距離を再説したのではないか。

さらに梯明秀の議論も併せて考えれば、今西錦司の「生物の世界」と梅棹忠夫の「文明の生態史観」を受けて構想された上山春平の比較文明史は、それぞれ農耕革命と工業革命を起点とする第一次文明と第二次文明を掲げる点、そして梅棹の言う第一地域の第二地域からの離脱と当初はヨーロッパ社会に限定された工業革命の第一地域への伝播を捉えた点で、梯が見落としていた生物の社会にも通じる人間の自由の条件を見定めるとともに、高山岩男が示唆しながらも十分に展開できなかった第一地域の自立的展開の可能性を打ち出した点で、梯の自然史と高山の世界史の哲学それぞれが掲げる問題点をクリアする思想だと評価できるだろう。

また第三章で「文明の生態史観」を批判した広松渉が、高山の『世界史の哲学』を高く評価していることも注意したい。広松の評価はあくまでも唯物史観に立ってのものであるから、梅棹と高山のいずれの評価にも的外れなものがあるが、それでも通常なら別個に取り上げられる「文明の生態史観」と『世界史の哲学』をつなげるミッシング・リンクを模索する姿勢には、ややもすると戦争責任を理由に京都学派と新京都学派の議論について黙殺を決め込んだたいていの東大卒の研究者には認められない、真摯なものがあると言えるだろう。

いずれにせよ上山春平の『日本文明史の構想』が、今西錦司から梅棹忠夫にいたる新京都学派の生態学的研究と、広い意味で京都学派に属する高山岩男と梯明秀の思想を包括するスケールの大きな思想であることが知られるだろう。それではその各論である肝腎の「日本文明史」の骨格はどういうものなのだろうか。ここでわれわれは、ある意味でともに深刻な戦争体験を被った丸山真男と比較する仕方で、上山の『神々の体系』にアプローチすることとする。

第五章　「神々の体系」と「古層」論（丸山真男）
――それぞれの天皇制との対決

『日本文明史の構想』から二つの「神々の体系」へ

前章で述べたように、上山の『日本文明史の構想』はその書名とは裏腹に、日本文明史の上位概念である比較思想史の研究方法の精緻化を目指したものであった。名実ともにある日本文明史の著作に相当するものは『仏教思想の遍歴』（一九七七年）、『天皇制の深層』（一九八五年）など幾つかあるが、もっともまとまっているのは『神々の体系』（一九七二年）および『続・神々の体系』（一九七五年）である。そしてこれら二つの著作を貫いているロジックが、奇妙にも後期丸山真男のいわゆる「古層」論に酷似していることに注目したい。

議論の進め方としては、前章で論じた『日本文明史の構想』において示された日本文明史の二度の転換点について確認したうえで、この論点が二つの『神々の体系』においてどのように展開されているかを考察したい。それから丸山の「古層」論を論じた日本政治史の講義を概観することで、方法論の違いにより両者の相似した議論が別々の相貌を帯びることを考えたい。

独立の文明への歩み

繰り返しになるが、『日本文明史の構想』において上山は文明史は三段階の展開をしてきたと論じた。一つは紀元前四〇〇〇年ころから紀元前三〇〇〇年までの約千年のあいだに進む自然社会から農業社会への移行であり、次いで一〇世紀前後の「大陸の周辺の湿潤な森林地域に登場した新たなタイプの国家のコース」の展開であり、これが農業社会から工業社会への移行の予兆とされた。

こうした自然社会から農業社会、農業社会から工業社会への移行という筋道自体は全世界で変わらないが、こと日本における農業社会への転換はかなり遅く、「「弥生時代」のはじめあたりから「古墳時代」の終末にいたる」、やはり「千年近い歳月を要した」とされる。これに比して工業社会への転換は、一六〇〇年頃からの三〇〇年間の準備期間を除けば一九〇〇年前後のきわめて短期間で成しとげられたこととされる。これらのことを述べた上で、上山は日本文明史の変遷の特質を次のように述べる。

日本の文明化のいとぐちをつくってくれた中国文明は、シュペングラーやトインビーをはじめとする文明史家たちが、人類史上における主要な文明を挙げるときは、かならずその一つとして挙げられる。歴史の古さからいえば、メソポタミア、エジプト、インダスの三文明につぐわけだが、これら三文明には交流をふくめた親近性がみとめられるのにたいして、中国文明は、完全に孤立しているわけではないにしても、きわだった独自性を示している。

日本文明は、「第一次文明」(農業社会の文明)の世界においてこのような位置づけをもつ中国文明の周辺文明として、中国文明よりは二千年以上もおくれ、西紀七〇〇年前後にスタートするのであるが、それから三百年後の西紀一〇〇〇年ころには、独自な個性を示すようになる。

文学や宗教など、文明の精神的側面における個性は、平安朝の段階では、京都の宮廷とか比叡山上の寺院といったきわめて限られた小さな世界に、一滴のしずくのようにぽつりと芽生えたにすぎなかったが、それが、一二〇〇年から一六〇〇年にかけての動乱の時代に、地域的にも階層的にも急速に拡大され、一六〇〇年以降の江戸時代に、大衆的規模における成熟を示す。〔中略〕

このように、日本における「第一次文明」(旧文明)は、中国文明の周辺文明として発足しながら、直接にモデルを提供した唐帝国が滅亡した十世紀初頭あたりから、しだいに個性を発揮しはじめ、おそくとも十七世紀以降の江戸幕府の時代には、ほぼ独立の文明としての個性を確立するに至った、ということがいえるようにおもう(第一〇巻、二一三～二一四頁)。

こうして見ると、上山からすれば本格的に工業社会に移行する直前に日本はすでにいわゆる第二地域から独立した個性を確立したと捉えられていることが分かる。だとすれば工業社会への転換を導くロジックも、必ずしも西洋文明の受け入れにとどまらないモティベーションがあることが予想されるだろう。そこで上山が強調するのが、いわゆる「天皇制」である。

天皇制と藤原不比等

上山は天皇制について、次のように述べる。

日本文明史上の最大のエポック、「第一次文明」(旧文明)から「第二次文明」(新文明)への転換の画期を話題にしながら、なぜ、文明一般を取りあげないで、ことさら視野を国家体制にしぼったのか、という疑問もあろう。しかし、私は、日本文明の個性を確認するために、あえて、視野をしぼってみたのだ。その個性とは何か。

それは、日本の文明が、天皇制とともに生まれ、天皇制とともに今日まで変貌を重ねてきた、という事実と深いかかわりをもつ。日本文明の個性は天皇制の個性と不可分の関係にあるのではないか、と私は考えている（同巻、二一一頁）。

ここで上山は、その青年期の過酷な戦争体験の淵源となった天皇制の問題に遭遇する。けれども上山にとって天皇制は、いわゆる左翼にとっての唾棄されるべき存在ではなく、少なくとも古代の天皇制にまつわる神々は、次のような憧れの対象とされていた。

私は、二十代のある日、かねてから親しんでいた『古事記』の神々が、たとえば、オリオン座や大熊座の星たちのように、心像の夜空にくっきりとえがかれた描線に沿って、それぞれの位置を占めるのを観た。それは、第二次大戦の終末期のことであった（第五巻、一一頁）。

天皇制に対するこうした愛憎半ばする感情（アンビヴァレンス）は戦中派に属する上山と丸山に共通するものだが、そうした天皇制の成立が開始されるのは、農業社会への移行が完成する「西紀七〇〇年前後」と上山は見定める。そしてそのデザインを手がけたのが、一般的にはなじみの薄い藤原不比等と結論づける。

農業社会との関係

藤原不比等は、いわゆる藤原氏の祖である中臣（藤原）鎌足の息子であること以外はよく知られていないので、多少説明を施しておこう。不比等は鎌足の次男であり、兄に僧侶の定恵がいて、不比等の子孫のみが藤原姓を許されている。このことは一般的に見てきわめて不自然であり、天智天皇の落胤説もささやかれている。文武天皇の時代に頭角を現し、娘を嫁がせその子が聖武天皇となることで、その後の藤原氏の権勢の礎を築いたとされる。このように不比等は壬申の乱のときにはまだ幼少で権力の座になく、また奈良時代を代表する聖武天皇が即位したときにはこの世にいないため、後世のわれわれの印象には残りづらい存在だが、すでに述べたように上山は不比等こそが天皇制成立の黒子の役を果たしたと考える。

それでは不比等は、具体的にはいかなる役割を果たしていたのか。ここでわれわれは、先述の文明史の三段階説に立ち返る必要がある。三段階説をわが国に当てはめれば、やはり先に触れたように、「弥生時代」のはじめあたりから「古墳時代」の終末にいたる」ほぼ千年をかけて、自然社会から農業社会への緩やかな移行がなされたとされる。この事情を敷衍すれば「狩猟採集段階の末期から「農業社会」の初期あたりにかけて（日本のばあいは縄文時代の末期から弥生時代あたりにかけて）発達したと思われる、血縁的ないし血縁擬制的な共同体の重層化を前提とする氏姓制度に適合する形のものであったのが、六世紀から七世紀あたりにかけて、そうした権力の基盤に動揺が生じ、政治的実権をめぐる豪族間の葛藤の末に」藤原氏による「一氏独裁体制」が確立したとされる。周知のようにこの間に大化の改新や壬申の乱のように、名門の豪族から皇室が権力を奪還する運動がなかったわけではないが、「皮肉なことに、いったん天皇家から諸豪族の手に移った政治的実権を、ふたたび天皇家の側に奪回しようとする運動そのものが、旧来の諸豪族間の角逐を清算して、新興の藤原氏の独裁を実現する運動の一環として利用される結果になっている」というのである。

不比等の二本立て構想

けれどもこのように言ってしまえば、農業社会への転換を成しとげたのは藤原氏の独裁であって、天皇制ではないと言うこともできるのではないかという素朴な疑念が生じることだろう。これに対して上山は、不比等の時代に本格化した修史作業に注目する。先述のように不比等の父である鎌足の元の姓は中臣であり、その中臣氏は代々宮中祭祀に関わってきた中級豪族である。その中臣氏が中心となる祭祀のなかで重要なのが「毎年六月と十二月の晦日に、半年のあいだにしらずしらずのうちにおかした罪やけがれを除き去るための呪術的な儀式」である大祓であり、そこで中臣氏の唱える祝詞のモチーフが、本居宣長の『古事記伝』の序章に当たる「直毘霊」に重なることに上山は注意を促す。

ここで上山が示唆しているのは、不比等の時代に進められた記紀編纂が単なる歴史的事実の整理にとどまらず、今後政治を取り仕切ることになった藤原氏（中臣氏）の立場をオーソライズする意味合いを有していたということに他ならない。例えば「中臣の祖先のイカツオミという人物が、建内宿禰と肩をならべて、神功皇后という神秘化された女帝的人物の側近としてつかえた、という」『日本書紀』の構成に「蘇我氏によって仮構されたと思われる建内宿禰伝承をたくみに活用して、斉明女帝につかえた鎌足と、持統・元明両女帝につかえた不比等の像を、イカツオミというおそらくは仮構の人物を媒介にして、建内宿禰の像とオーバーラップさせる」意図が読み取れると言われる。

こうしてみると、上山は宣長以降対立的に特徴づけられてきた『古事記』と『日本書紀』がほぼ同一の線上に置かれ、しかも皇室ではなく藤原氏のために編纂されたと考えていることが知られる。上山は次のように書く。

思うに、記紀の編纂は、修史にたいする天武の強い関心を元明が継承したという外見をとりながら、実は、元明朝のもとで実権をにぎっていた不比等によって、その仕上げの形を大きく方向づけられたのではないか。そして、たとえば、『古事記』の編纂にあたった太安万侶などという人物は、律令づくりにおける下毛野古麻呂、都城づくりにおける小野馬養、太政官における多治比三宅麻呂などと並んで、律令体制づくりという大義名分のもとで推進された藤原氏独裁体制づくりの巨大なチーム・ワークを分掌した、律令官僚のエースたちの一人であったのではないか（同巻、一〇一頁）。

要するに政治支配の陽の部分と、皇位継承という陰の部分に対応するのが、律令制定と修史編纂とされるのである。

両者が結合する具体例として上山が注目するのが、東大寺献物張に記された佩刀の継承のプロセスである。佩刀とは刀を装着することの意であり、その刀が草壁皇子→文武天皇→聖武天皇に引き継がれたことが東大寺献物張に記されている。草壁皇子とは天武天皇の嫡子であり、即位が確実視されたものの夭折したため、その妻である元明天皇が即位した。草壁皇子と元明天皇の子が文武天皇だがやはり夭折し、文武天皇と不比等の娘である宮子（光明皇后）の子である聖武天皇が即位するまで、文武天皇の姉の元正天皇が皇位を守らなければならなかった。そして草壁皇子の刀が文武天皇にわたり、また聖武天皇にわたるまでのあいだ、仲介していた大臣が藤原不比等に他ならないことが述べられている。それゆえ先ほど示した佩刀の順番を正確に記せば、草壁→不比等→文武→不比等→聖武となるわけであり、皇位の継承を実質的には不比等が決めていたことの証拠だと上山は見る。皇位の行方を左右する絶大な権力を不比等が得たことの背景として、律令制定と修史編纂の二本立ての構想があったと上山は考える。二本立て構想にはこれ以外の含みもいろいろあるが、詳しくは丸山真男の議論を経由して『続・神々の体系』を論じる際に触れておきたい。

ネガ（負）の極致としての日本文化

このように不比等を重要視する上山の論調は、『神々の体系』と重なる内容を盛り込み、法華寺の維摩像を不比等をモデルとする説を表明した『埋もれた巨像』（一九七七年）の叙述を疑問視する意見（吉川真司『律令官僚制の研究』塙書房、一九九八年、一四一頁）を除けば、多くの古代史研究者からもそれなりに支持されていると思われる。

こうして見ると、上山にとっての「天皇制」とはいわゆる皇室の血統の人物による皇位継承を介した政治の支配ではなく、公私にわたって臣下が天皇を支配し政治の実権を握るシステムと捉えていることが分かる。上山は次のように書く。

日本の「農業社会」の段階において、最初に全国的規模における政治的支配権を確立したのが天皇家であり、この日本における最初の安定した一氏独裁体制の形骸化の過程をへて、第二の一氏独裁体制の担い手として現れたのが藤原家であり、九、十世紀を頂点とするこの第二の体制が崩壊した後に、長期にわたる動乱期をへて、第三の一氏独裁体制の担い手として登場したのが、十七世紀のはじめに江戸に幕府を開いた徳川家にほかならない（同巻、八二頁）。

周知のように「第二の一氏独裁体制」の直前には蘇我氏による専制がきわまったのだから、史実的には天皇家による「最初の安定した一氏独裁体制」は確認できない。また先述のようにわが国における第一次文明は、農業革命が終結する七〇〇年代から江戸時代の始まる一六〇〇年代に相当するのだから、言うならば第二地域（日本の場合は中国）からの離脱は、上山によれば臣下が天皇家をコントロールする「天皇制」が機能した時代と重なると言えるだろう。こうした日本の第一次文明の特徴について、上山は次のように述べている。

私は、日本文化の特質を、人類文化史上における徹底したネガの役割に見いだすのであるが、文化の創造にのみ価値を認めて、その受容と変容を否定的にしか評価しようとしない人びとのように、だから日本の文化はだめなのだ、といったぐあいには考えない。縄文の昔のことはよくわからないが、少なくとも日本が大陸渡来の農耕文明の波をかぶるようになってからの歴史をふりかえってみると、よくもこれだけ好奇の心に満ちあふれて、つぐつぎと外来の文化を摂取しつづけてきたものと思う。

奈良時代の人びとは、シナの文化をまねて、まず文字を借用し、それを用いてシナ風の法律（大宝律令等）や歴史（『日本書紀』等）をつくり、シナ風の詩（『懐風藻』等）をつくり、当時のシナに栄えていた大乗仏教をとりいれ、シナ風の寺院や仏像をしきりに模作したばかりでなく、むずかしい仏典の注釈書さえも模作した。こうして、シナのフィルターを通したかたちで、インドの古代文化の貴重な一側面が摂取されたのである。

当時の知識人たちの思想的関心は、はじめはやや仏教の方にかたむいて、儒教をはじめとするシナ本来の思想にたいする関心はそのかげにかくれた形になっていたが、徳川時代にはいると、その関係がはっきりと逆転して、儒教等への関心が主流の位置をしめるようになる。それから、つぎは、西欧思想の摂取、……といったぐあいに、日本における思想の歴史は、まさしく外来文化の輸入の歴史に尽きる、といっても過言ではないようなありさまである。そして、同様なことが、思想以外の文化のジャンルについても言えるにちがいない。

しかし、よくよくしらべてみると、たしかに輸入と模倣の連続にはちがいないのだが、それだけにとどまっているわけではない。いったんすなおに取り入れたものを、こちらの好みにあうように、いちじるしく変容する過程がそれにひきつづいている。たとえば、仏教では、空海や最澄あたりを転機として、めざましい変容の過程が展開されたのちに、親鸞をはじめとする鎌倉仏教の土着的表現をうみ出しており、儒教では、仁斎や徂徠あたりを転機として、やはりあらわな変容の過程にはいり、三浦梅園、富永忠基、安藤昌益らに代表される日本風の十八世紀自由思想を生み出すに至っている。実は、本居宣長の思想も、こうした自由思想の開花の雰囲気のなかに育った一つの異色な土着思想にほかならなかったのである。

私が、塵ほどの卑下の様子もなく、日本文化はネガ（負）の極致である、などとうそぶくのを見て、どこかにポジ（正）のかけらでもみつかりはせぬかと求めあぐねたあげくの居直りではないか、とひやかす人があるとすれば、私はあえてそれを打ち消そうとは思わない。事実、私の思索のあとをふりかえってみると、それに近い経過もなかったわけではないからである。

しかし、居直りというのは、自らのふるまいをよしとする思想的なよりどころを見いだしえぬままに、そのふるまいを是認するすがたをさすのが普通ではないかと思うのだが、私のばあいは、それまでの自分をとらえていた通念を、根本から変えてしまう新たな観点を見いだしえたという確信に似たものが、いつのころからかしだいに芽生えていて、日本文化をネガ（負）の極致とみなす主張を、よろこびに近い感情を以て、是認する気持ちになっているのである（同巻、五三～五四頁）。


ここでわざわざ「卑下」とか「居直り」という、冷静な上山にしては感情的な文言を並べ立てたうえで、これを否定するという書き方に、第一章で触れた人間魚雷「回天」を通じての過酷な戦争体験の傷跡を読み取るのは容易である。とはいえここで問題になっているのは大日本帝国という日本の第二次文明ではなくそれ以前の第一次文明なのだから、上山による「大東亜戦争」論は後述することとし、第一次文明の論述の仕方に注目したい。

まず気づかされるのは江戸時代の儒教を「仁斎や徂徠あたりを転機として」と特徴づけることで、丸山真男のあの『日本政治思想史研究』を想起させるということである。もちろん仁斎と徂徠は丸山を引用せずともわが国の儒教理解のうえで欠かせないものだと言ってしまえばそれまでだが、「日本文化の特質を、人類文化史上における徹底したネガの役割に見いだす」というくだりは、後期丸山を代表する「歴史意識の「古層」」を連想させる。そもそも丸山は主として講義において、しばしば天皇制を大きなテーマとして扱っているのだから、戦争体験も含めて丸山と上山は実はかなり近い位置にあると考えられる。ここでしばらくは丸山真男の講義録から浮かび上がる天皇制の姿に肉薄し、そこから上山の描く天皇制との異同について考察してゆきたい。

丸山の戦争体験

丸山の天皇制に対するこだわりは、上山と同様に戦争体験と大いに関係する。丸山真男は大阪毎日新聞の記者を長く務めた丸山幹治の次男として大阪府で生まれた。長兄はＮＨＫの音楽番組のプロデューサーを務めた丸山鉄雄であり、堅物と見られがちな東大教員には珍しいユーモアを交えた活発な議論は、家族にジャーナリズム関係者がいたことと関係する。

他方で丸山の苦難も、そうした人間関係と連動するものだった。丸山は一高時代に父・幹治の大阪朝日新聞時代の友人で白虹事件により一緒に退社した長谷川如是閑の講演会に参加したところ、その講演会は治安維持法違反の容疑で解散させられ、丸山自身も警察署にて拘留され、特高による取り調べを受けた。恐らくはこうした過去があったためだと推測されるが、丸山は当時助教授の身分でありながら、一九四四年に東大法学部の教員で唯一人、二等兵として応召となった。上山とは違って幸い実戦の体験は免れたが、翌年の八月六日には広島市宇品の陸軍船舶司令部に配属され、九日には被爆直後の調査のため広島市に入り、入市被爆をした。

入市被爆という言葉をはじめて見る読者もいると思うので、若干説明を施しておきたい。通常被爆というのは、原子爆弾の爆発による放射性物質を浴びるなどすることによる被害を指すので、狭く捉えれば八月六日と八月九日当日にそれぞれ広島市と長崎市に滞在した者だけが被爆者、あるいは被爆経験者だと考えられるかもしれない。けれども原爆投下のニュースを知り投下から数日以内に被害者の救援や家族探索のために被爆地周辺に入った者のなかには、原爆の放射線の影響を受けて放射線を発する物質と化した家屋などからの放射線を浴びて、被爆する者も多かった。こうした被爆を入市被爆と言う。

丸山はそうした入市被爆者の一人だったが、一九六九年に中国新聞記者から受けたインタビュー以外では、この経験について公の場で語ることはなかった。またこのインタビューの資料も、丸山没後の二〇一三年に広島平和記念資料館に寄贈されたものである。この重大な事実を丸山が生前にひた隠しにした真意は現在も明らかではないが、有名な「超国家主義の心理と論理」などに見られる天皇制に対する鋭い切込み方には、彼の被爆体験も反映されていると考えるのが自然だろう。

「古層」論の背景

そうした丸山真男の転機となった論文が、ここで問題にする「歴史意識の「古層」」(一九七二年。以下「古層」論と略記)である。それまでの丸山は前述の「超国家主義の心理と論理」の発表後はジャーナリズムの寵児となり、六〇年安保闘争では思想上のリーダーと見なされており、時代の節目におけるその発言は多くの人たちの注目の的となっていた。けれども「古層」論は戦後思想のチャンピオンと言われた丸山にしては珍しく悲壮なトーンに満たされており、またそのある種運命主義的な論調から、丸山自身が何度も批判してきた日本の伝統思想への撤退だとささやかされもした。実際に論文発表の前年に丸山は東大を早期退職しており、一九九六年に死去するまで目立った言論活動をおこなわなかった。

その「古層」論の有名な一節を書き抜いておこう。

日本の歴史意識の古層をなし、しかもその後の歴史の展開を通じて執拗な持続低音としてひびきつづけて来た思惟様式から、三つの原基的な範疇を抽出した。強いてこれを一つのフレーズにまとめるならば、「つぐつぎになりゆくいきほひ」ということになろう。念のために断わっておくが、筆者は日本の歴史意識の複雑多様な歴史的変遷をこの単純なフレーズに還元しようとするつもりはないし、基底範疇を右の三者に限定しようというのでもない。こうした諸範疇はどの時代でも歴史的思考の主旋律をなしてはいなかった。むしろ主旋律として前面に出て来たのは——歴史的思考だけでなく、他の世界像一般についてもそうであるが——儒・仏・老荘など大陸渡来の諸観念であり、また維新以降は西欧世界からの輸入思想であった。ただ、右のような基底範疇は、こうして「つぐつぎ」と摂取された諸観念に微妙な修飾をあたえ、ときには、ほとんどわれわれの意識をこえて、旋律全体のひびきを「日本的」に変容させてしまう。そこに執拗低音としての役割があった(『丸山眞男集』第一〇巻、岩波書店、一九九六年、四五頁)。

堅苦しい学術論文のなかにあえて、プライベートな趣味であるクラシック音楽鑑賞から聞き知った専門用語の「持続低音」を紛れ込ませるあたりに、恐らくは兄譲りの音楽好きの丸山らしいセンスが見受けられるが、それよりも気になるのがこの「つぐつぎになりゆくいきほひ」という執拗低音が、さまざまな外来思想を「「日本的」に変容させてしまう」という言い方である。これは見ようによっては先述の上山の「日本文化をネガ(負)の極致とみなす主張」とうり二つに受け取られるものである。どういう経緯で丸山が「持続低音」という着想を得るにいたったかの事情を、今度は彼の講義録から探ってゆくことにしよう。

自然的時間への傾斜

今し方引用した『丸山眞男集』第一〇巻の解題者である飯田泰三によれば、「古層」論に関わる講義は一九六三年、一九六四年および一九六七年の三回にわたっている。このうち最後の一九六七年の講義では、「なりゆき」と「いきほひ」が次のように率直に語られている。

世の中のなりゆき。「なりゆく」＝ますます生命が増殖するというオプティミズムがともなうから、「世の中のなりゆき」が一時的には不利に見えても、基本的には肯定され、なりゆきに任せる態度への傾斜が生れる。この自然的時間の中に具わるmonumentumが、先に述べた「勢」である。勢のいい人間、元気な人間というような場合には、いきほひは人間精神に内面化され、内から外への発想において、世の中のなりゆきへの追随としても現れる（いきほひの両面性）。人間にも事物にも、世の中にも「いきほひ」の自然的な傾斜があるというわけである。歴史のなかに「タマ」＝生命＝エネルギーが宿り、それが内在的必然性をもって発展するという意味でのいわば勢の必然史観。（史的唯物論の受容形態にも意外に深い背景がある。）歴史は人間（われわれ）がつくるものであり、如何ともすべからざる勢の作用であるという考えに傾きやすい（〔逆に〕「つくる」世界像においては、つくるもの〔主体〕が無意味な混沌に意味を与え、生命をふきこむ）。「大東亜戦争肯定論」↓仕方なかった、必然だったという含み。Justification〔正当化〕だったら、正義の戦争だから、敗けるべきではなかった。勝った方が現在よりよかった、ということになる（『丸山眞男講義録』第七冊、東京大学出版会、一九九八年、七四〜七五頁）。

後述するように林房雄の『大東亜戦争肯定論』には上山も注目しているので、この辺にも上山と丸山の関心が重なることが認められるのだが、このなかで「世の中のなりゆき」が自然的時間と同一視されていることに注意を促したい。

丸山にとって自然的時間は、他の文明諸国の時間観念と著しく対照をなすものである。例えば古代インドの時間観念で主導的なのは、周知のように仏教でおなじみの循環的な輪廻であり、キリスト教の時間観念は創造神の意志に接続するし、また古代中国では宇宙秩序の規則性（易）というように、日本以外の文明では大なり小なり「永遠と時間を結びつける契機」が認められるものだが、日本の時間観念には、そういう抽象可能な契機がまったく認められない。それゆえ次のように、「なりゆきの現実主義」あるいは「なりゆきのオプティミズム」が政治思想の基調をなすとされる。

現在中心的であって、過去の規範主義的絶対化ではない（復古主義や尚古主義とは異る）。また未来の目標性もない↓「ユートピア的思考」になじまない「現実主義」。「なりゆき」の現在性（状況追随的意味、いきおいに乗る）。ユートピア的思考は、〈決して〉現在から逃避する〝夢想〟ではない。現実の切実な関心に根ざしたトータルな現代批判の思考と、それに基づく社会機構のラヂカルな構築である。だからユートピア思想家はするどい現実批判者だった。これにたいして「原型」的世界観を「現実主義」とよぶなら、それはいわば「なりゆきの現実主義」である。日本の思想史には古来ユートピア思想がほとんど見られず、外なる地球上の「模範国」がユートピアに代位する〈のはこれと関係する。中国や欧米など、地上の模範国がモデルとなり、空想の理想国のイメージが出てこない。模範国の移動の歴史として、日本近代史を考えることができる。さらに職業集団ごとに海軍はイギリスを、陸軍は仏・独を範とするなどの例。〉〔中略〕

現世主義的、此岸主義的ではあるが、現在の瞬間は不断に次の瞬間に移行することで、過去にくり入れられるから、現在に永遠は宿らない。現在はうつろう世である。だから、一方では瞬間を瞬間として享受しながら、たえず次の瞬間（遠い未来ではなく）を迎えいれる心の用意をしている。不断に推移転変する時間の流れに乗りながら、つねに現在の瞬間を肯定的に生きる。けれども、その瞬間は「永遠」から価値を与えられたものではないからして、生の意味の積極的な肯定には必ずしもならない。その点では仏教の無常観と親和性がある。ただ、それが現世主義的に変容されるからして、たとえば〈仏教の〉「憂き世」というペシミズムは「浮世」という瞬間的享楽主義（どうせ短い命なら面白おかしく世を送る）にも転化することになる。すなわち無常観を媒介としてすら、生への絶望は〝なりゆき〟のオプティミズムに変ずるのである。そうして、「来世」が〈死の〉次の瞬間として、つまり現世の線的な延長のうえに〈意識され〉肯定されるならば、きわめて淡白に死を選ぶ態度も出てくる。西欧人はその理解に苦しんだが、生を享受しながら、たとえばあくまで目的達成のために困難を排して生きようとするような、生への執着がそれほど強くない、という一見矛盾した態度はここに根ざしているように思われる。死の観念的な賛美とは異っている。〔中略〕

過去―現在―未来という線的連続性は、血縁的系譜ないし世代の継承にもっとも象徴的に表現される。この意味でも、「氏」や「家」の無窮な連続が「永遠」のイメージに代位して尊重されるのはきわめて自然であり、その点では、中国の伝統にあるような宗族観念〈男系中心〉や〈それを基礎とする〉祖先崇拝と親和性がある（同冊、八三～八五頁）。

それでは、宇宙秩序の規則性を有する時間観念を戴く中国文明との差異はどうなるかの話になるが、そこで注目したいのは一九六四年の講義で触れられた、皇統断絶の危機のなかで越前国（現在の福井県東部）から継体天皇を擁立したプロセスに関する丸山の分析である。

豪族協議の結果、仲哀天皇五世の孫という丹波の倭彦王という者を探し出して、これを候補とし、まず大伴金村ら豪族は、この候補者の人物を試すために兵を派して迎えると、倭彦王は軍隊が近づいてくるのを見て驚いて山の中に隠れて出てこない。そこで、あらためて議したのちに、越前の男迹王に同様の方法で迎えを出してこれを擁立することに成功する（ここでも群臣の推挙によって、本人の辞退にもかかわらず即位した次第が、くどいほどの強調で語られている。権勢を望む〝キタナキココロ〟を持たないことが、逆に地位へと資格づける）。

この場合、世襲カリスマの観念に、中国の有徳者君主思想が接ぎ木され、しかもその際、群臣合議による満場一致的推挙における首長決定方式が、上の二つの観念を橋渡ししているわけである。本来の有徳者君主思想では、天命・天道は、皇帝にたいする超越的権威をもち、直接に人民の向背を通じて、皇帝の統治にたいして審判を下すのであるが、ここでは、世襲カリスマが規範主義にたいして優位しているために、（継体天皇の場合のように）皇位の継承者にたいしてあくまで（不自然な程度にまで）血統的連続性の擬制による正当化が維持されると同時に、その制約内において豪族の合議に実質的な決定権が認められる結果となる（前掲講義録、第四冊、一三六頁）。

こうした分析を踏まえたうえで丸山は「「まつりごと」を「きこしめす」地位にあって「あめのした」を「しろしめす」」君主論を展開するわけだが、この辺で丸山と上山の天皇制論の異同を考えてみたい。

そもそも、上山春平が名指しで丸山真男を論評する機会はほとんどなかった。上山と丸山の専門分野がそれぞれ哲学と政治学だという事情を考慮すれば、論及する機会がない方がむしろ自然ではあるが、第二章で触れたように、上山が哲学者として世に出たのは、雑誌『思想の科学』の主宰者の一人である鶴見俊輔の薫陶を得てからのことであり、その『思想の科学』にしばしば論考を寄せていた丸山の存在を上山が意識していないというのは、想定しづらい。

両者の共通点

先ずは共通点からである。上山は丸山と同様、次のように日本文化のなかに自然的時間が流れていることを認めている。

きわめて単純化した言い方をすれば、はじめに数千年間にわたる異常に高度な狩猟採集文化の過程において、自然性を原理とする日本文化の原型がつくられ、外来文化にたいする高度な吸収能力と白紙還元能力によって、まず仏教が、三論・法相・華厳といった最高度に発達した大乗仏教の理論体系として、はじめはおどろくばかり忠実にこれを受けいれながら、五、六世紀の間に、自然性の原理にもとづく白紙還元の同化作用によって、それは広汎な大衆に心情的に受けいれやすい単純素朴な実践的教理に変貌をとげ、ついで、儒教が、朱子学というこれまた儒教としては最高度に発展した理論体系として忠実に受けいれながら、一、二世紀の間に、朱子学にたいする批判を媒介として、自然性への同化の過程とみることのできる解体過程をたどり、十八世紀の後半ころまでには、大陸伝来の外来文化として受容された東ユーラシア系の思想体系の吸収・同化はほぼ完了しており、黒船の威嚇を先駆としておしよせたニュー・フェースの西ユーラシア系文化にたいして、新鮮な受容の熱意を感じうる条件が十分に成熟していた(前掲上山著作集、第三巻、四四六頁)。

ここまでの記述を読めば、「自然性の原理にもとづく白紙還元の同化作用」という上山の表現は、丸山の言う「つぐつぎになりゆくいきほひ」とほぼ同じと見て構わないだろう。またこうした自然的時間の観念が古代から現在まで通底しているという見方も、両者で共有されていると言える。

けれども両者の発言を微細に検討してみると、丸山よりも上山の方が陰影に富んだ表現をしていることが知られるだろう。例えば「つぐつぎになりゆくいきほひ」いう明るいオプティミズムに対して丸山は「過去の規範主義的絶対化」も「未来の目標性もない」という負のイメージを並置するが、これだけだとわざわざ「外なる地球上の「模範国」がユートピアに代位する」ことの理由が分からなくなる。つまり日本人が本当の「なりゆきの現実主義」で出たとこ勝負の気質であるなら、上山が言うように外来思想を「おどろくばかり忠実に」「受けいれ」ることが説明できなくなってしまう。

ここで「日本文化はネガ(負)の極致である」という上山の持論が大きな意味合いをもつようになる。「いったんすなおに取り入れたものを、こちらの好みにあうように、いちじるしく変容する過程がそれにひきつづいている」というプロセスは、彼の提案する第一次文明と第二次文明の二本立ての文明史のロジックからうまく説明することができる。まずは第一次文明への移行において日本（第一地域）は、中国（第二地域）の先進文明から強い影響を受けながらも、そこからの離脱を求めていくのに対し、次の第二次文明への移行においてはこの離脱の延長上で、やはりユーラシアの中心（第二地域）から離脱しようとするヨーロッパ（第一地域）に同調して、近代化を図るという道筋をたどれるからである。

「ネガ（負）の極致」の真意

それではこうした一連の流れを、上山はなぜわざわざ「ネガ（負）の極致」と表現するのだろうか。これについてはいささか上山の文脈から離れるが、第一次文明と第二次文明の到来を象徴する二つの事件を参考にして考えるといいだろう。まずは第一次文明の幕開けについてだが、上山は七〇〇年代の律令国家の成立を期にすると見ている。その律令制をわが国が摂取するきっかけになったのは、恐らく六六三年の白村江の戦いだろう。

この前後の事情を説明すると、六一八年に建国した唐の勢いはすさまじく、これと同盟を結んだ新羅が六六〇年に百済を滅亡させた。当時百済と同盟関係にあった日本は百済からの亡命者とともに百済復興のために白村江にて戦ったが大敗した。その後の唐・新羅の連合軍は六七六年に高句麗を滅亡させたことで、朝鮮半島では高句麗・百済・新羅からなる三国鼎立の時代が終わって統一新羅が成立した。日本は白村江の戦いの敵国だった新羅と外交関係を有していないため、朝鮮半島との交流ができなくなるどころか、戦況次第では新羅と同盟関係のある唐が日本に攻め込む事態すら想定できたので、日本は唐由来の律令制を導入して唐に遜色ない国家体裁を建設する必要に迫られた。このように考えると七〇〇年代の日本における第一次文明の成立は、必ずしも日本が願ってのことではなく、東アジアにおける唐の覇権主義に対する防衛策として考えるのが適切だろう。

同様のことは一八〇〇年代の第二次文明の成立についても言える。こちらのきっかけとなったのは言うまでもなく、一八五三年のペリー提督率いるアメリカ艦隊の浦賀沖への来航だろう。当時の日本も開国には前向きではなかったが、世界情勢を考慮してやむを得ず開国し、維新以後はヨーロッパ文明を積極的に摂取して、東アジアを長年支配していた中国の冊封体制からの完全な脱却を果たした。

このように考えると、わが国における外来文化の性急な摂取のモティベーションとなるのは単純な外来文化への憧れというよりは、高度な文明社会による自国への侵略に対する警戒心であり、そのネガの部分が次第に表に出てきて、自分の都合のいい文化的変容を引き起こすわけであり、また国風文化が本格的に展開される段でも、かつて模範としていた外国（第一次文明では中国、第二次文明では欧米）に対する劣等感が払拭できないでいるということになる。つまり日本文明史の展開は、拝外になってもどこか排外の意識が、排外になっても拝外な意識が残存しているのであって、そうした裏腹な心情を上山は「ネガ（負）の極致」と表現したのだろう。

この点を強調すれば、第二次文明への移行におけるヨーロッパ文化の摂取をする場合、その模範となったヨーロッパが梅棹理論の説明によればかつて後進的な第一地域に相当することを考慮しての摂取となれば、ヨーロッパ文化の摂取は実に複雑な様相を帯びることとなるが、これについてはエピローグで論じることとし、とりあえずは上山の天皇制論に議論を集中させることとする。

無責任君主制の構造

ここまでの分析を踏まえたうえで『続・神々の体系』における記紀神話と不比等の時代の政治を対照させた以下のくだりに注目しよう。

> 記紀の神代巻は、大きくとらえれば、アマテラスの誕生に終わる国土と神々の生成の物語と、アマテラスの誕生から始まる国家形成の物語に両分することができる。前半部分の主役は言うまでもなくイザナギとイザナミであり、後半部分の主役はアマテラスとスサノヲであった。私は〔中略〕この後半部分において、律令制の原理と氏姓制の原理の矛盾葛藤と解決の筋書きが、高天の原系の神々と根の国系の

神々の闘争の物語として描かれていると見る。そして両グループの対立抗争は、やがて、スサノヲの系譜（根の国系）をひくオホクニヌシが、アマテラスの系譜（高天の原系）を引くニニギに屈服するという形で終結する。この一連のストーリーは、要するに、大化改新の説話的表現であるとみることができると思うのである。

このような解釈の視点をとるならば、高天の原系の神々にたいする根の国系の神々の屈服（オホクニヌシの「国ゆずり」）を前提として、アマテラスの子孫が、高天の原から中つ国へ、つまり天上から地上へくだり、やがて、地上の王者として中つ国に君臨する「天皇」になる、という「天孫降臨」の神話は、天上の最高神としてのアマテラス大神がいかにして地上の天皇に化肉したかという、まさに「万世一系の哲学」の核心をなす問題点にふれながら、日本律令制における無責任君主制の成立について物語っているということになろう（同著作集、第五巻、二五三頁）。

ここでふたたびわれわれは、丸山真男の議論を連想させる「無責任」という語に出会うことになる。上山による天皇制の無責任さの理由の説明は、以下の通りである。

ここいらで、もういちど、律令と正史の関係にふれたさきの〔一九七三年に雑誌『思想』編集部に求められた文章からの〕引用文に帰りたい。そこに、「君主を《天皇》と称して、天命の主体たる天帝そのもの（正確には肉体をそなえた天の神さま、すなわち《現御神》もしくは《現人神》）として規定するばあい、このような君主にたいしては、中国風の《革命》の思想は無効とならざるをえない」という前おきにつづいて、「中国の律令が、儒教を思想的な支えとし、書経の《革命》思想や周礼の六官制をよりどころとしているのにたいして、こちらは、六官制はともかく、《革命》思想は不要というかっこうになった（した？）ために、それにかわるべき独自なイデオロギーを用意する必要が生じたのにちがいない。『日本書紀』が中国の正史を手本としながら、史記や漢書に対応物のない神代巻をひねりだしたのは、おそらくそのためではなかったかと思う」という文章がある。

日本の律令では、君主に「天皇」という名称を与えることによって、これを天帝なみにあつかうたてまえをとったために、中国の律令を大筋として借用しながら、あちらで律令のイデオロギー的支柱とされている儒教経典の「革命」思想はそのまま借用するわけにはゆかぬので、儒教経典に代わる独自なイデオロギー的支柱として、正史の巻頭に、あちらの正史には対応物のない神代巻なるものをつけ加えたのではあるまいかと、いうのである。

これは、おそらく、日本の律令の制作に当たったものが、こちらの固有な伝統に即して、その君主の性格をあちらの皇帝とは全くちがう特徴をもつものとしてとらえた結果なのであろうが、この時代における日・中両国の君主制の相違点について、法政史家の石尾芳久氏は、「古代中国の君主制思想においては、天子は、あくまでも責任を担当すべきものであり、法上無責任——すなわち神聖不可侵の特権を有するものとはいえない。そこに、古代中国において革命思想と君主制思想とに必然的につながりが存すると考えられる所以がある。これに反して、古代日本の君主制思想は、君主に神聖不可侵の権限を認める」といったきわめて示唆深いコメントを与えておられる（同巻、二四八〜二四九頁）。

いささか冗長な引用をおこなったのは、ここで上山が原典に当たってではなく、一部孫引きをして議論を進めているからである。専門が哲学なので仕方ないことではあるが、それでも上山が数ある古代史研究のなかでこうした解釈を選んだことの独自性は認められるだろう。

注目したいのは、『日本書紀』が中国の正史を手本としながら、史記や漢書に対応物のない神代巻をひねりだしたのは、おそらくそのためではなかったかと思う」という箇所である。とりわけ『古事記』の理解において顕著な傾向だが、記紀神話は中国には存在しない天皇家を正当化すると見られてきたなかで、ここでの上山の解釈は「律令のイデオロギー的支柱とされている儒教経典の「革命」思想はそのまま借用するわけにはゆかぬ」事情ゆえに、仕方なく神代巻を作成したとされている。もちろん記紀神話が「儒教経典の「革命」思想」に匹敵するほどの強力なイデオロギーだと強弁すればそれまでだが、それよりはむしろ「中国の律令を大筋として借用しながら」も、どこかで「ネガ（負）」の心理が働いて神代巻を正史に付加したというのが、穏当な理解ではなかろうか。つまりここには、第二地域（中国）の先進文明をどのように受容すべきかの逡巡の跡が認められるのである。

同様のロジックは、これより前に引用した神代巻の解釈にも認められる。上山の解釈において正史の編纂が、(根の国系)の藤原氏のベースで進められたことに、今一度注意をする必要がある。つまり藤原氏の立場からすれば、中国の先進文明と同様「アマテラスの系譜(高天の原系)」も同じくらい異質な存在だったのである。しかも藤原氏の始祖である中臣氏がそもそもは宮中祭祀を受け持つ豪族であり、それが鎌足の代になって政治支配の局面に登場し、元の中臣氏と太政官と神祇官を分担する立場になったことを考え併せれば、藤原氏=中臣氏は神代巻のロジックにしたがえば没落するはずの(根の国系)の立場でありながら、いわばそこから抜け駆けをして、さらに唐の律令制度と両立するような政治体制を構築したと考えられるのではないだろうか。

上山の強調する無責任君主制の本質も、ここから導かれる。一部繰り返しになるが唐の「中枢機関が、あちらでは、中書・尚書・門下という三者に分かれているのにたいして、こちらでは、三省を一本にまとめ」て「「太政官」という独自な名称が与えられて」おり、また「天地神祇の祭祀が、あちらでは、尚書省の六部の一つである礼部(とくにそのなかの祠部)の所管になっているのにたいして、こちらでは、太政官と併立する神祇官の所管とされている」という違いがある。言うならば宮中祭祀が「儒教経典の「革命」思想」の下で組織された下部組織でなされる唐側に対して、日本では三省を統括する太政官と同格の神祇官でなされるということに、内外ともに革命思想を国家理念として放棄することを宣言したと言っていいだろう。そうなれば、唐の皇帝が儒教経典の理念の下で統治をおこなうのに対し、わが国の天皇は神代巻により血統のみがオーソライズされるにとどまるので、政治的に問責されることがないというわけである。

こうしてみると、先に触れた不比等の二本立ての政権構想で言われる律令制定と修史編纂が、緊密な関係にあることが気づかされる。つまり唐の三省構成とは異なるわが国の太政官と神祇官の二官構成は、儒教経典とは異なる正史の神代巻によって正当化されるものであり、またこの神代巻における皇室の血統のオーソライゼーションが、中国の皇帝とは異なる天皇の政治的無責任性を決定づける構造になっているからである。そしてこの政権構想自体が、藤原氏の皇室と唐に対する異質性を解消することを目論んでいることに注目すれば、まさしくわが国における第一次文明の成立を告知するものとして、不比等の政権構想が位置づけられるというわけである。

ここまでの上山春平の議論には、一般的に歴史的転換を論じる際に醸し出されるダイナミズムのようなものが感じ取られる。同様に「無責任の体系」を扱った丸山真男の「軍国支配者の精神形態」（一九四九年）の次の一節と対比しよう。

いま一度ふりかえってその〔無責任の体系の〕なかに躍った政治的人間像を描出してみるならば、そこにはほぼ三つの基本的類型が見出される。一は「神輿」であり二は「役人」であり三は「無法者」（或は「浪人」）である。神輿は「権威」を、役人は「権力」を、浪人は「暴力」をそれぞれ代表する。国家秩序における地位と合法的権力からいえば「神輿」は最上に位し、「無法者」は最下位に位置する。しかしこの体系の行動の端緒は最下位の「無法者」から発して漸次上昇する。「神輿」はしばしば単なるロボットであり、「無為にして化する」。「神輿」を直接「擁」して実権をふるうのは文武の役人であり、彼等は「神輿」から下降する正統性を権力の基盤として無力な人民を支配するが、他方無法者に対してはどこか尻尾をつかまれていて引きまわされる。しかし無法者もべつに本気で「権力への意思」を持っているのではない。彼はただ下にいて無責任に暴れて世間を驚かせ快哉を叫べば満足するのである。だから彼の政治的熱情はたやすく待合的享楽のなかに溶け込んでしまう。〔中略〕ここで大事なことは、神輿―役人―無法者という形式的価値序列そのものはきわめて強固であり、従って、無法者は自らをヨリ「役人」的に、乃至は「神輿」的に変容することなくしては決して上位に昇進出来ないということであって、そこに無法者が無法者として国家権力を掌握したハーケンクロイツの王国との顕著な対照が存するのである（前掲丸山集、第四巻、一九九五年、一四〇～一四一頁）。

ここでの丸山の議論は戦時中の体制に限定されていて、上山の問題にする古代天皇制ではないが、両者において天皇制は時代を超えて同様の意味合いをもっているので、その差異には目をつぶって二人の議論を比較したい。

ふたたびパースへ

まず気づかされるのが、丸山がつねに日本の思想を欠如態として規定していることである。例えば先に取り上げた講義録では、日本の時間観念が永遠の「欠如」として捉えられており、ここでは「形式的価値秩序」そのものの変更は利かないとされている。これに対して上山の議論では、第一次文明では中国、第二次文明では欧米から先進文明を摂取しており、また丸山の用語にしたがえば「神輿」を担ぐ「役人」も藤原氏から徳川氏へと移行している。ここでは国内外の情勢を加味したうえで、「神輿」と「役人」の関係が丸山の場合のようにスタティックではなく、ダイナミックに捉えられている。そして何よりも特徴的なのは、中国なり欧米なりをある種の理想と見立てたうえで、返す刀で「だから日本はダメなんだ」という風な啓蒙の論議を上山がまったくしていないことである。この理由は先に述べたように、日本人が海外の先進文明を摂取する際に、排外と拝外が相半ばする「ネガ（負）」の感情に取りつかれているからである。

そこで上山哲学の出発点がパースのアブダクションの摂取にあることが想起される。繰り返しになるが、ディダクションとインダクションによる厳密な検証を経ずとも、仮説形成の時点で有効な議論を上山＝パースはアブダクションと評した。そのアブダクションの立場に立てば、旧ソ連（第二地域）の主張する講座派とは別の社会主義革命を構想する労農派の考えも許容すべきだということは、第三章で述べた通りである。これと同様に、日本の律令体制の構築も、本場中国（第二地域）とは一部異なるが、アブダクションとしては許容されるべきだというのが、二つの『神々の体系』における上山の真意ではないだろうか。

もちろんこうした考え方は、やはり第三章で論じた上山の多系発展説に基づくものである。しかしそのプロセスにおいて、ある種の断念の感情が認められることに注意しなければならない。ふたたび第三章の末尾に示した、上山のお気に入りのパースの言葉を引用しよう。

ある善きものを選びとることは、
他の善きものを失うことである（上山前掲著作集第一〇巻、一六頁）。

先進文明を換骨奪胎して自らの文明とするプロセスを必要以上に誇らしく思うのでも、嘆き悲しむのでもない心情がここで語られている。それゆえ上山の日本文明史は、ナショナリズムを否定するのでも鼓舞するのでもない冷静なロジックを提示しているのではないだろうか。

「大東亜戦争」への見解

こうした上山春平のロジックは一方で平和憲法を支持しながら、他方では天皇の代替わりの大嘗祭の儀式への関心を見せるという、イデオロギー的に硬直した見方に立てば摩訶不思議な態度を示すことになる。そこで本章を締め括るにあたって、丸山真男も並々ならぬ関心を示した林房雄の『大東亜戦争肯定論』に対して上山がどういう反応を示したかを考察することにしたい。そのなかで上山が憲法第九条を持ち上げる理由も見えてくる。

まずは若い世代には聞き慣れない「大東亜戦争」という言葉そのものの解説から始めよう。一九四一年の日本による真珠湾攻撃から始まった一般には「太平洋戦争」と呼ばれる戦争について、当時の日本政府はアジア諸国を欧米の植民地化から解放して「大東亜共栄圏」を建設することが戦争の目的だと言っていた。ここからこの戦争は「大東亜戦争」と呼ばれたのだが、敗戦後は「アジア解放」の美名のもとで日本の植民地支配を正当化する術語として「大東亜共栄圏」は指弾され、これに呼応して「大東亜戦争」は戦闘地域を考慮して「太平洋戦争」と、あるいは一九三一年の満州事変から始まる中国との戦争との関連を考慮して「アジア・太平洋戦争」ないし「十五年戦争」と呼ばれるようになった。

「太平洋戦争」という呼び名が定着しつつあった一九六三年に雑誌『中央公論』で連載が始まった

のが、林房雄の『大東亜戦争肯定論』である。それによれば「大東亜戦争」の意義は、一九四一年から一九四五年までの英米などの戦争に限定されるべきではなく、遠く一八五三年のペリー率いる黒船来航から始まったわが国の危機を救うべくおこなった「東亜百年戦争」の一環として、肯定的に評価されるべきだというのである。このセンセーショナルな連載のなかで林が同じ『中央公論』の誌上で二年前に掲載された上山の「大東亜戦争の思想史的意義」に言及した事情があり、この林に対する弁明が『中央公論』編集部より上山に求められていた。上山のこの論考はその後『大東亜戦争の遺産』（一九七二年）にまとめられ、そのなかには林に対して応答した「大東亜戦争は解放戦争か――林房雄氏の所論に触れて」（一九六三年。以下、林論と略記）も収められている。筆者はかつて『大東亜戦争肯定論』から、近代化を模索するアジア社会がジグザグ行進をするロジックを読み取ったことがあったが（『「近代の超克」再考』晃洋書房、二〇一一年）、ここでは上山の議論の紹介に集中してゆきたい。

まずは「大東亜戦争の思想史的意義」を検討しよう。ここで上山は戦後を代表する歴史観を「大東亜戦争」史観、「太平洋戦争」史観、「帝国主義戦争」史観、「抗日戦争」史観を挙げて、これらの史観に翻弄されている日本の国情を、皮肉交じりに次のように表現する。

私たちは、この二十年来、人類史上最大の、願わくば最後であってほしいあの戦争について、「大東亜戦争」史観、「太平洋戦争」史観、「帝国主義」史観、「抗日戦争」史観といったさまざまな解釈を、国民的な規模において学んできた。あの戦争を、これほど立体的に、これほど多元的な角度から反省する機会をもった国民は、ほかにあるのだろうか。アメリカ人はおそらく「太平洋戦争」史観一本であり、ロシア人は「帝国主義戦争」史観一本であり、中国人は「抗日戦争」史観一本だろう。他の諸国民のばあいも、おそらく、これらのいずれかに類する反ファシズム戦争史観もしくは反植民地史観一本であるに相違ない。ただ、負けたドイツとイタリアのばあいには、ファシズム戦争史観と反ファシズム戦争史観の交替があったかもしれない。しかし、おそらく日本ほどの規模の、しかも日本ほど多角的な反省はなかったのではあるまいか（同著作集第三巻、三五一頁）。

そのうえで上山は、「大東亜戦争」史観以外の史観もその絶対性を次々と失っていったと述べる。例えば「太平洋戦争」史観は「朝鮮戦争、アルジェリア戦争、スエズ戦争などにおける旧連合諸国の行動によって、しだいに疑わしいものとなってきた」し、「スターリン批判とハンガリー事件は、社会主義国における国家悪の根深さを暴露することによって、そうした悪を背負う国家をあたかも無垢天使でもあるかのようにあつかってきた「帝国主義戦争」史観にたいする疑惑の念を深め」、「またチベット問題や中印国境問題は、中国の「抗日戦争」史観への素朴な共感に冷水をあびせた」からである。そして次のような注目すべき文言が述べられる。

こうして、私たち日本国民の大多数がかつて支持した「大東亜戦争」史観も、それを裁く側に立ったもろもろの史観も、つぐつぎに絶対性を失って、相対化されてきた。私たちは、この体験を大切にしなければならないと思う。なぜなら、そこには重大な真実の認識のいとぐちが用意されているように思われるからである。

第一に着目しなければならないのは、「大東亜戦争」史観にしても「太平洋戦争」史観にしても、「帝国主義」史観にしても「抗日戦争」史観にしても、いずれも大日本帝国とかアメリカ合衆国とかソヴェト社会主義共和国連邦とか中華人民共和国といった国家権力とむすびついている、という事実である。〔中略〕それぞれの史観が特定の国家権力とむすびつき、その権力の利害を中心として価値尺度をつくりあげているかぎり、それが普遍的な歴史認識の尺度となりえないのは当然であり、自らその絶対性を主張する倫理的価値がほどなく相対化されるのもまた当然である。要するに、地球上における特定の地域の特定の人類集団の利害を絶対のものとする主権国家の価値尺度は、人類共通の価値尺度とは相容れないのである。しかし、いまや、人類は、国家的尺度を人類的尺度に従属させなければ、その種族の存続をはかりえない地点にまで到達している（同巻、三五八～三五九頁）。

こうして上山は日本国憲法第九条に示された戦争放棄の理念に多大な共感を示すのだが、そこには次のような独自の冷徹な世界情勢の理解が踏まえられていることに注意したい。「大東亜戦争と憲法第九条――佐藤功氏との対談」（一九六三年）では、次のような国際認識が語られている。

占領下につくられた今日の憲法は直接的にはアメリカ政府ないし極東委員会の対日管理政策に非常に忠実につくられており、対日管理政策の原則はポツダム宣言にはっきり書かれています。そしてポツダム宣言は、太西洋憲章の精神にもとづいて書かれています。この憲章の第八条に「世界のあらゆる国民は武力行使を放棄せねばならない。広範囲にわたる恒久的な安全機構が確立されるまでのあいだは、好戦国の軍備撤廃が肝要である。なお、平和愛好国民が軍備負担を少なくするために採用するあらゆる現実的方法を援助し奨励したい」という規定があります。この規定は、世界平和の実現を大きく二段階に分けています。第一段階は「好戦国」の軍備撤廃、第二には一般的安全機構の成立です。大西洋憲章にもとづくポツダム宣言の一帰結として成立した日本国憲法の軍備撤廃条項（第九条）は、いうまでもなく、この第一段階の処置にほかなりません。しかし、この処置は、いわゆる「平和愛好国民」（連合諸国）は侵略戦争をしないという、手間勝手な、根拠薄弱な前提に立脚している点に、重大な弱味をもっています。どうして連合国が平和愛好国だと無条件にきめうるのか、いまになってみれば滑稽な笑い話です（同巻、三六八～三六九頁）。

要するに日本国憲法第九条で謳われた戦争放棄は、明らかに「人類共通の価値尺度」となりえるものなのだが、これを要請したのが自分たちは「侵略戦争をしないという、手間勝手な、根拠薄弱な前提に立脚している」連合国であるため、残念ながら戦争放棄の理念は、依然として「特定の国家権力とむすびつ」いている、言うならば「連合国」史観内にとどまっているという認識が示されている。それゆえ「大東亜戦争」史観は「太平洋戦争」史観、「帝国主義」史観、「抗日戦争」史観と同列な状況にあるといるというのが、上山の言い分である。

戦争体験との関係

それゆえ上山が「大東亜戦争の思想史的意義」の表題で論文を作成しても、そこで名指しされている「大東亜戦争」は肯定的な意味づけがなされているわけではない。したがって上山の「大東亜戦争の思想史的意義」は、林房雄の言うように「大東亜戦争」を「肯定」しているわけではない。林論において、上山は次のように書く。

「大東亜戦争」をふくむ「東亜百年戦争」を解放とみる林氏の事実認識にに、私は賛同しえない。「大東亜戦争」は、先発の対中国戦争と、それに起因する対米戦争を主軸としているが、対中国戦争への路線を示した東方会議の「対支政策綱領」（昭和二年七月）と、対米戦争への方向を決定した陸海軍首脳部の「時局処理要綱」（昭和十五年七月）とを検討するとき、いずれも、そのねらいは赤裸々な国家利益の追求にあり、アジア民族の解放などということは、ほとんど眼中になかったことがわかる。〔中略〕こうした政策の実行が、日本の支配をめざす地域に利害をもつ旧植民地帝国との衝突を生じ、その支配権の日本による排除が、原住民の独立運動の刺激となった、という事実はたしかにある。しかし、日本が旧植民帝国から奪いとった支配権を、かりにもちつづけたとすれば、はたして植民地独立にどれほどの熱意を示したであろうか。朝鮮や満州における統治政策の実績からみて、はなはだ疑わしいと言わざるをえない（同巻、四〇四〜四〇五頁）。

上山にしては珍しく、戦時中の自らの体験談を交えた心中の吐露がこれに続く。

私は、特攻の戦列に加わった体験をとおして、戦争目的にかんしては戦友たちと共有した理想像を、戦後も執拗にいだきつづけたのであるが、植民地解放の理想を植民地支配の現実によって踏みにじられた体験を五体に深くきざみこんで大陸から引揚げてきた知人や、東亜共栄の理想を軍人や時局便乗者たちの狭量な自国本位の考えによって非難攻撃された先輩たちの回想をきくにおよんで、動揺をおぼえざるをえなかった。いらい、私は、自らの幻想をきり崩す動かしがたい事実を累積し、戦後数年をへておくればせながら、上述のような見解に到達したのである（同巻、四〇五〜四〇六頁）。

念のため断わっておくが、こうした吐露をしたことで上山が反ファシズム戦争史観に達したわけでは決してない。それは「日本と敵対した諸国の国家利益に密着した価値尺度でもってする「大東亜戦争」の評価に同調しえない点では、私はおそらく林氏と一致するのではないかと思う」という文言から明らかである。そうした日本も例外ではなかった「国家利益に密着した価値尺度」をかなぐり捨てた「人類共通の価値尺度」を希求することが、上山の真意である。

こうした決意と上山自身の日本文明史を照合して言い直せば、これまでのわが国は第一次文明の段階では中国、第二文明の段階では欧米を尺度として文明を進化させたが、敗戦後はこうした中心文明に対する周辺文明の自己規定から脱すべき道筋を模索すべきだと考えることができるだろう。けれどもこれまでの（まさしく丸山真男の言う）「なりゆき」により、依然として欧米にすり寄れば事足れりとする傾向が日本政府に見られるので、それに対する警告を林論でおこなっていると考えられる。それは二一世紀に入った今日、第一次文明にもつながる入亜か、第二次文明につながる脱亜かに揺れるわが国の逡巡を先取りしているかにも思える。

上山の戦争体験が不比等を起源とする自らの天皇制論とどのように関わるかが日本文明史において必ずしも明らかにされていないというのが唯一の不満になるが、歴史のディテールに振り回されずにパース哲学の骨格を用いて日本文明史の骨格を創り上げ、それに自らの戦争体験を肉付けするという上山の手法は、わが国の講壇哲学では珍しい実践性を備えたものであり、そこから今後の人文系の学問の将来が見えてくるのではないか。エピローグではプロローグで触れた人文系の危機を、上山春平および新京都学派の視点から捉え直してゆきたい。

エピローグ　新京都学派からみた人文系の未来

知のゼネラリスト

今まで新京都学派と上山春平の哲学について論じてきたが、ここまでの議論から明らかになったのは、上山が従来の哲学者にありがちな西洋哲学の枠内で思索を深めてゆくというタイプではなく、むしろ今西錦司や梅棹忠夫といった哲学とは無縁な領域で活動している学者から貪欲に知識を吸収し、自らの思索のアクチュアリティをさまざまな分野で生かしてゆくという、ある種の知のゼネラリストだということである。もう少し具体的に言えばアメリカのプラグマティズムの創始者であるパース哲学からアブダクションを取り出し、これに梅棹の生態史観を接ぎ木するかたちで比較文明史を提唱し、独自の日本文明史を編み出していったのである。

今西との関係について言えば、本書では扱わなかったが上山は今西の専門である生態学と関わる照葉樹林文化を展開しており、また農業革命以前の自然社会を論じる際に今西の議論を援用することで、人類と自然を対立関係に捉える梯明秀や広松渉といった左派の論者よりも統一的な視点で、文明史を展開することができた。これらのことを前提にしたうえで、エピローグでは戦後思想と戦前の京都学派の結節点としての上山哲学の位置について論じて行きたい。

戦後思想家との関係

周知のように戦後日本には多くの哲学研究者が活動してきたが、そのなかで戦前の京都学派の西田幾多郎や田辺元に匹敵するような独自の哲学体系を確立した哲学者は皆無と言っていい。その代わり哲学者とは規定できないが、言うならば戦前の京都学派の哲学者と同程度に社会的な影響を及ぼした戦後思想家の名は、何人か挙げることができる。丸山真男、鶴見俊輔、吉本隆明辺りをそうした戦後思想家として数え上げることには、誰も異論を唱えはしないだろう。周知のようにこれらの思想家はいずれも戦前に各自の戦争体験をしており、その体験を糧に分野にとらわれない知的活動をしている点で共通している。

注目すべきは、これらの戦後思想家と上山春平が何らかの接点を有していることである。第二章で触れたように上山にパース哲学を紹介したのは、本場アメリカでプラグマティズムの研究をした鶴見であり、また第五章で論じたように、丸山政治学と上山文明史はこと天皇制の理解について多くの点で同様の見解に達していた。両者のあいだの違いは、丸山が中国や欧米の政治思想の本質を抽出してこれに日本的現実を対比して後者を批判的に論及するのに対し、上山は根の国系と高天が原系、あるいは藤原氏と天皇家、もしくは日本と先進文明との対比で動的な展開を語ったということである。哲学の素人の丸山の論文に西洋哲学者の名前が頻出するのに対し、哲学が専門の上山の論文ではむしろ歴史学者の名前が多く見られるというのは皮肉だが、これもパース哲学を換骨奪胎して受容したからこそなせるわざであり、哲学者の可能な仕事を大幅に拡張したと言ってよい。

残るは吉本隆明との関係だが、これについては第五章の最後に論じた林房雄を経由すれば思考可能である。吉本はその代表的な論文「転向論」(一九五九年)において林の評論を肯定的に評価しており、両者の関心のある天皇論を比較照合すれば、一般に犬猿の仲と評される吉本と丸山の議論から違った局面が見出せるかもしれない。

京都学派との関係

このように考えれば、上山春平を介して戦前の京都学派の哲学と前述の三人の戦後思想家を結びつけて論じる地平が開かれることになるが、事態はそう単純ではない。なるほど上山は京都学派の重鎮の一人である田辺元の指導のもとでカントについての卒論を作成し、また戦友の和田稔の言うように自他ともに「田辺元の一番弟子」であることを認めていたが、実際に書いたものを見れば田辺哲学を論じたものはないどころか、田辺の名を見つけることすら難しいからである。

その代わりに上山がよく論じたのは西田幾多郎の方である。上山の西田論は晩年の中江兆民を引き合いに出して唯物論のコンテクストで扱うというユニークなものであり、それはそれで興味深いが、第五章で触れたように新京都学派の頭目である今西錦司は、上山が自分と西田をつなげて論じることには辟易しており、むしろ田辺からの影響が大きいと公言している。実際に「自然学の提唱——進化論研究の締めくくりとして」などを読み解けば、種の論理に近い発想が容易に認められるわけであり、むしろ今西を介して上山を論じてゆけば、恐らくは学徒出陣直前の発言に当惑させられた田辺哲学と上山哲学の関係が見えてくるかもしれない。

またその経歴からいって明らかに講義等で接触する機会があったにもかかわらず、上山が主題的に論じていない京都学派の哲学者のなかに高山岩男がいる。こちらの方は京都学派で分類されながら歴史学者である鈴木成高とセットで考えた方がよい。やはり第五章で触れたように、戦後の鈴木は新京都学派の梅棹忠夫の『文明の生態史観』を高く評価しており、この鈴木の発言を手掛かりにすれば梅棹の影響のもとで構想された比較文明史と高山の世界史の哲学の接点が見出せるだろう。

いずれにせよ言えるのは、上山春平の言説を京都学派の文脈のなかで正当に評価するためには、上山自身の言動よりはむしろ、今西とか梅棹といった新京都学派の学者たちが京都学派の哲学者たちから受けた影響から考察する必要があるということである。

新京都学派内での評価

そうなると、上山春平が身内の新京都学派のなかでどのように見られたかが、気になるところだろう。残念ながら今西錦司が上山について論じているのは、上山による自分の論じ方の是非に関わる文脈に限定されるので、必ずしも公正な評価とは言えない。その代わりに梅棹と、また新京都学派には入れられないが密接に関わりのあった梅原猛に、興味深い上山評がある。

このうち梅棹の発言は雑誌『文藝春秋』の求めで書かれたもので、「上山春平――ケタはずれの機関車」（一九六五年）と銘打たれている。梅原の発言の方は、桑原武夫の七回忌を記念した集会でのものであり、桑原とゆかりのある多田道太郎への言及が見られる。ちなみに集会のむすびの挨拶をしたのは、上山春平である。

かれ〔上山春平〕の思想の展開過程において、かなり重要だとおもわれる事実は、かれが植民地そだちだということである。台南でうまれ、旧制台湾高校をでた。京都帝国大学を受験するために、はじめて船で内地にわたってきた。

おおまかで、原色のつよい台湾の風景をみなれたかれには、おだやかな中間色と繊細にみちた瀬戸内海の風景は、おおきなショックだったようだ。

うまれてはじめて「母国」に上陸したかれは、さらに、植民地には、とうていみられない人間関係のこまやかさをそこに発見して、おどろく。そのとき以来、ドライで超民族的な論理性と、日本および日本文化に対する情熱的な執着とが、相克しつつかれの思想を形成する原動力となってゆく。

日本および日本文化に対するかれの愛情は、だから、自己愛とはかならずしもいえないところがある。客体として、本格的に愛してしまっているのだ。内地そだちの人たちが、日本の社会の文化のいやらしさをもたっぷりとおもいしっているのにくらべて、かれは、日本および日本文化に対して、はるかに寛容である。

内地の青年たちが、仏教なんぞにそっぽをむいていたあいだに、かれは、父母の郷里和歌山で、高野山の高僧たちとまじわり、みっちりと真言仏教を勉強した。かれは、哲学者であり論理学者である。近代論理学の緻密な武器をもちいて、密教のよい点だけを十二分に吸収したのである。

戦争中は、かれは海軍特攻隊の将校だった。人間魚雷「回天」にのっていた。終戦になって、上山大尉は生きながらえて復員したが、生死をこえてきた体験は、その後のかれにつよい影響をあたえたようである。

密教に集中したのも、その時期であるが、同時に、当時和歌山県の田辺にいた北山茂夫氏らの影響をうけ、ふかくマルクシズムに没入していったようである。

真言密教とマルクシズムをひとつの袋にぶちこむくらいは、かれにとってはなんでもないであろう。友人としてつきあって、わたしたちが感嘆するのは、かれの底ぬけの包容力である。異質のものをつつみこみ、論理化し、体系化する。それはかれの特技である。研究会においても紛糾する議論をまとめ、ひっぱってゆく不可欠の機関車である。

日本の思想家は、古来、おしなべて短篇作家である。小味だが、巨大な構築物にはならない。日本文化の内部で純粋培養された貧弱なエネルギーでは、どうもそういうものしかでてこないだろう。その点、かれは歴史的環境においても、身体的環境においても、長篇作家になりうる条件をそなえている。日本にはめずらしいキング・サイズの大怪物思想家になりうるひとである（梅棹前掲著作集、第一二巻、四五六〜四五七頁）。

梅原　私が桑原〔武夫〕先生と知り合ったのは梅棹さんより大分後ですね。五五年頃じゃないかと思います。その頃、いろんな縁で多田〔道太郎〕さんと知り合いになって、多田さんに、おもしろいのがいるからというので桑原さんのところへ連れていってもらった記憶があります。

その頃、私が初対面になった間もなくだったと思うんですが、桑原さんはこんなことをおっしゃった。

桑原さんは才能ある人間がお好きでしたが、「若い男で天才は二人おる」と言うんです。「一人は梅棹忠夫で、一人は鶴見俊輔だ。お前は幾ら頑張ってもこの天才には及ばない。やっぱりお前は頑張っても秀才のいいとこにしか行けない。その秀才の最たる者は上山春平である。だから、お前は春平と親しくなれ」と（笑）。それでずっと春平さんとは親しく来たわけでございますが。その頃、梅棹さんと鶴見さんは、まだ三十代ですね。しかし、きらきら光っていた。その桑原先生の言葉は事実そうだとは思いましたけど、ちょっと悔しかったなあ（笑）（杉本秀太郎編『桑原武夫――その文学と未来構想』淡交社、一九九六年、一一五～一一六頁）。

ここでの梅原の発言は例によって実に率直なもので、読者に一服の清涼感を与えてくれる。桑原武夫の言葉を借りてはいるが「秀才の最たる者」というのは、梅原なりの上山への最大限の賛辞だろう。同様の評価は梅棹もおこなっている。「研究会においても紛糾する議論をまとめ、ひっぱってゆく」というのは、不偏不党の態度を貫くだけでは不十分であり、明晰な頭脳と冷徹な判断も必要である。そういう上山の人となりを形成したものとして、梅棹は上山の出身地である台湾に注目する。「ドライで超民族的な論理性」と「日本の社会の文化のいやらしさ」に無知であることが、「植民地そだち」に起因するというのである。

空海から最澄へ

一読すれば容易に知られるように、梅棹による上山評はその経歴にまで立ち入った実に細々とした論評であるが、私見によれば空海研究についての批評にはまだ不十分なものがあり、ここで補足しておきたい。

第二章の冒頭での記述に一部重なるが、上山の本籍地は高野山金剛峯寺のある和歌山県であり、京大在学中の一時期には自己流の真言宗の修行に励んでいた。敗戦後に本籍地に戻ったときには高野山大学で教える話もあったが、給与等の問題で断わり地元の中学校教師の道を選ぶことになった。このように上山にとって空海は郷里の英雄以上の存在であり、世界に通用する日本の知識人として自らの日本文明史のなかに位置づけられる予定だった。

けれども一九七七年に唐招提寺の鑑真像がパリの美術館で展示されることを記念する論考の依頼が朝日新聞からきて、その準備を進めていくうちに上山の関心は次第に空海から最澄に移っていった。周知のように鑑真はわが国に言うならば僧侶の資格認定であるところの授戒をするために朝廷から招かれたのだが、その鑑真から直接授戒を受けた僧侶が今度は最澄に授戒したことに上山は注目した。

なぜなら鑑真がわが国にもたらしたのは小乗の具足戒と大乗の菩薩戒だったが、その孫弟子にあたる最澄が両者を切り離し菩薩戒のみで授戒は十分であることを朝廷に提言し、朝廷もそれを了承したことが判明したからである。この事実は「インド、チベット、東南アジア、中国、朝鮮等々、さまざまな形で伝えられてきた仏教思想のうち」で例がなく、また「この戒律革命は、やがて、法然を経て親鸞に至り、無戒思想の確立という形に徹底される」点で、空海思想の独創性よりも日本文明史の特徴を決定づけるメルクマールとして認識されることになった。つまりはわが国における第一次文明の成立から独自の文明形成の始まる指標として、最澄に注目したというわけである。

このことは上山において、郷里の偉人を世界に通用する知識人として祭り上げるという個人的な心情よりも、自らの理論体系の精緻化を優先させたことを意味する。もちろんその理由は梅棹の言う通り、上山が「ドライで超民族的な論理性」と「日本の社会の文化のいやらしさ」に無知であることなのだろうが、「真言密教とマルクシズムをひとつの袋にぶちこむくらいは、かれにとってはなんでもない」と言うのは、学問に対する上山の謙虚さをやや見誤っているようにも思える。恐らく桑原＝梅原が言うように、「天才」であるがゆえの梅棹のミスリーディングであろう。

こうした上山の不偏不党、頭脳明晰な姿を参考にして、ここからは「人文系」の危機のなか哲学がいかに生き残るべきかの方策を模索したい。ここでは「哲学者」に対する三つの要求を掲げておく。なお目下わが国には独自の体系を完成させた「哲学者」は存在せず、いるのは筆者を含めたしがない「哲学研究者」のみだが、煩雑な叙述を避けるためしばらくは「哲学者」とだけ呼ぶことにする。

哲学者のあるべき姿（1）

先ず掲げるべきは、「哲学者は好みの哲学者・分野にとどまらず、社会的影響を配慮した研究をすべきである」という要求である。かつて筆者の周囲に「プラトン、カント、ヘーゲルといった一流の哲学者を研究すると、就職が早くなる」と発言した哲学者がいた。その真偽はさておき、このある種傲慢な発言の背景には、「一流の哲学者の研究をすれば、その研究をする自分も自ずと一流になれる」という誤った考え方が潜んでいる。この考え方を追求すれば、カントの卒論を書いて会社に就職した若者が、（きわめて少数だが実際に存在する）カントが批判した啓蒙哲学者であるクリスチャン・ヴォルフを専門とする大学教員よりも偉いという理屈になってしまう。当たり前のことだが哲学研究の水準は研究の当事者の実力により測定されるのであって、研究の対象から自動的に決定されるものではない。

先ほど触れた上山の日本仏教研究における空海から最澄への転回には、ここで言われている「その研究をする自分も自ずと一流になれる」という考え方から離れて、むしろ日本社会に与えた大きさから最澄に注目することが前提されている。鎌倉新仏教の創始者たちはこぞって最澄の開いた比叡山にて修行し、そこでの教えに失望してそれぞれの宗派を開いたが、このことを逆に考えれば、多くの宗教的天才を魅了した何かが比叡山にあったということになる。なるほど最澄は空海ほど独創的な宗教者ではないかもしれないが、社会的な影響力をみれば空海よりはるかに上である。日本仏教であれ西洋哲学であれ、素朴に一流の思想家を好みと見立ててその研究に専念すれば、それから西洋並みになりたいと背伸びをする自分と日本人のままでいたいという等身大の自分とに分裂し、上山の文明史から導かれる排外から拝外、拝外から排外への循環に巻き込まれてしまうだろう。いちいち名前を挙げないが、一世を風靡したがその後忘れられた哲学者を扱うのも、社会的影響を考慮した研究として尊重されるべきではないのか。

哲学者のあるべき姿（2）

次に掲げるべきは、「哲学者はさまざまな分野の意見をまとめる役割に徹するべきである」という要求である。非常にまれな事例になるが、民主主義よりも哲学の方が大事だとか、あるいは哲学は万学の女王なので、学部基礎科目のなかで最後のセメスターで履修させるべきだとかと主張する哲学者がいる。ごくわずかだがこうした発言をする者がいるから、哲学者は変人だという噂が社会からなかなかなくならないのだが、それでも哲学がいろいろな学問分野に少しずつ関わっていること自体は事実なので、哲学のその特徴を生かせばさまざまな分野の意見のまとめ役にはうってつけということになる。実際に梅棹による上山評によれば、「研究会においても紛糾する議論をまとめ、ひっぱってゆく」

役目を上山は見事に果たしている。

その上山が「哲学とは何か」(一九九六年)において「ハイポサイエンス」なるものを主張している。「ハイポ」というのはギリシア語で「下」を意味するが、上山においてはむしろ「仮説(ハイポシス)形成」をおこなうアブダクションから着想を得た造語だと考えるとよい。他方で上山は「ハイポサイエンス」を「ウラ科学」と言い直す。「オモテ」にあるのが通常の科学だが、「オモテとウラの接点にいるような人びと」としてマルクス、マックス・ウェーバー、フロイトが挙げられ、それぞれ経済学、社会学、精神分析といったオモテの科学にとどまらない魅力があることが指摘される。上山によれば哲学はそうしたハイポサイエンスの最たるものであり、しばしば言われるように「万学の女王とかいってあらゆるサイエンスのてっぺんに位置するのではなくて、あらゆるサイエンスの下に、根底にあるべきはず」だという。

このようなハイポサイエンスを主張することで、上山はさらにかなりユニークな学問論を展開する。第四章でのソシオバイオロジーの説明に一部重なるが、オモテの科学は自我学、社会学、地球学、普遍学に四分され、そのそれぞれのハイポサイエンスとして身体学、自然学、宇宙学、数学が挙げられ、これら四つのハイポサイエンスのまたハイポサイエンス、言うならば「ハイポハイポサイエンス」に相当するのが哲学である。それゆえ哲学は、四つのハイポサイエンスに一定の見識を持たなければならない。

ここでの上山の提言はある種の文理融合的な学問構想そのものであり、プロローグでも触れた科学研究費請求の書類でこうした「ハイポサイエンス」構想がポンチ絵でなかなか示されないのは先行研究のフォロー不足なのだが、少なくとも上山においては、新京都学派内の桑原武夫、今西錦司、梅棹忠夫らの異分野、異専門研究との交流があっての発想だと言えるだろう。また「ウラ科学」の代表者としてマルクス、マックス・ウェーバー、フロイトが挙げられているのも、興味深い。エピローグの冒頭で言及した丸山真男、鶴見俊輔、吉本隆明はいずれもマルクスないしマルクス主義に対する独自の見解を有していた。彼らが戦後思想において哲学と同等の役割を果たすよう期待されていたのは、こうした「ウラ科学」に精通していたからだろう。またマックス・ウェーバー、フロイトの双方に精通していた論者として念頭に浮かんでくるのが、もとは西洋法制史家である上山安敏である。そういえば上山安敏も京大教授であり、京都大学の懐の深さがここからも再確認できる。

哲学者のあるべき姿（3）

最後に掲げるべきは、「哲学者は求められたら、将来の社会に対する思い切った提言をすべきである」というものである。これは哲学者というよりも、東洋的な賢人に求められる資質かもしれないが、多くの人たちには両者の区別はない。少し昔の話ならオウム真理教事件、最近なら東日本大震災など、大きな事件や災害に見舞われた後にこれからすべき方策、あるいは慰めの言葉を述べることが哲学者に求められる。その意味では梅原猛は立派に哲学者の役目を果たしているし、また近著で中島岳志が青年時代にオウム事件直後の発言に衝撃を受けたことからも知られるように（『親鸞と日本主義』新潮選書、二〇一七年）、麻原彰晃を擁護した吉本隆明は知識人失格と見なされることだろう。

それでは上山春平自身は、どういった社会的な提言をしているのか。第三章で梅棹忠夫がイスラム国の台頭を予言していたことは触れたが、これに似た予言めいた言説を、上山から導くことができる。第四章で若干言及したが、『日本文明史の構想』において上山は、産業革命が「生産方法の体系的な機械化を中心とする、社会と文明の根本的変革」として広く捉えられるべきで、「現在、地球規模において進行中であり、まだ終結していない」と書いている。ということは、産業革命とはいわゆる工業化にとどまらず、インターネットの普及といった一連の情報化社会の進展も含めて考えるならば、いわゆる産業化は第一地域から出発するものの、それにとどまらずに第二地域、上山の言うところの第一次文明の地域にまでおよぶならば、第二地域の文明が、かつて抱いていた大国の意識を目覚めさせるのではないか、ということになりはしないか。今しがた述べた梅棹忠夫の言うイスラム国の台頭の予言がそうであり、あるいはクリミアを併合したロシアの台頭、またかつてのシルクロード経済を髣髴させる中国の一帯一路構想もこの路線である。こうした議論は高山岩男や、あるいは本書では詳しく述べないが、明らかに梅棹からの影響を受けた柄谷行人の近著『帝国の構造』（二〇一四年）から導けない、上山春平の比較文明史の独自性からでしか読み解けない代物である。

また第二次文明における産業革命のモティーフが、第一次文明における第二地域からの離脱のモティーフを内に秘めていると解釈すれば、わが国における第二次文明の展開は、大陸と周辺の関係をいささか小規模にする話になるが、ヨーロッパ大陸からの離脱を意図する英米系の思想の吸収と、改めてヨーロッパ大陸を志向する独仏（ないしロシア）思想の吸収とで違う局面を有しているとも考えられるし、また第二次文明における欧米文明の吸収のモティベーションの分析も、後進的な日本が先進的な欧米に追いつき追い越すという単純な図式に限定されず、その裏側では日本に続いて急速な経済発展を遂げつつある中国や韓国を見下すという、現在のネット右翼的な言動を射程に収めたものとして解釈することもできる。

一般に哲学の業界では文献の正確な読解と、そこから導かれる推論の妥当性が問題になるのであり、このような未来予測的な議論をおこなうことは歓迎されない。けれどもせっかく自分が精緻に仕上げた理論が手元にあるならば、それを現実に適用して世に問いたいというのが、それこそ自然の「なりゆき」ではないのか。未来の科学技術の進展よりも、未来の社会設計のあり方をテーマとするSFを、しばしばScientific Fictionではなく、Speculative Fictionと解する見方があると聞くが、哲学の業界では古めかしく「思弁」と訳されるSpeculationを発揮することが、目下哲学に社会が求めていることである。

研究一般に対する梅棹の見方

今しがた掲げた「哲学者」に対する要求は、いずれも本業であるべき独自の哲学体系の構築を目指すものではなく、さまざまな専門分野に対する配慮や協力を求めるものなのだから、いわゆる「哲学研究者」のスタンスを取ることで十分実現できることである。

それよりも重視しなければならないことは、従来的な人文的なくくりでこうした提言を実現することはほぼ不可能であると自覚することである。筆者の乏しい経験からの判断になるが、現在の人文系での教育方針では多様化した学生たちの知的ニーズに応えられず、また当初は哲学を志望したが早く就職したいため語学教員になった研究者が少なからずおり、そうした手合いたちと付き合うのは神経を遣うという事情もある。むしろ理系の教員の方が哲学に対して適正な評価をしており、既成の枠組みにとらわれないさまざまな分野との提携が求められる。

そこで注目したいのは、今まで述べたような成果を上げていた上山春平がその名も「人文科学研究所」という名称の機関に在籍していたという単純な事実である。「人文系」をいわゆる哲・史・文からなる文学部的な組織に限定せず、社会系・理系を含めた組織に再編するのが肝要ではないのか。例えば「人類の歴史」を問題にするなら、自ずと有史時代に限定するわけにはいかず、先史時代を考察するために理系的な知見が必要になる。問題関心が先に立てば、文系／理系の区別が煩わしくなるというのが自然のなりゆきではないのか。

こう考えると梅棹忠夫が国立民族学博物館館長に就任した直後におこなったさまざまな提言は、いろいろな意味で興味深い。そのうちの幾つかを書き抜いてみるが、その後文科省が推奨するような文言が並んでおり、現在の文部行政からの通達を予言しているかのようである。

学部のほうは、やはり教育活動のリズムにあわせて行動する慣習が、すくなくとも文化系の学部ではつよい。しかし、学術研究は授業にリズムをあわせる必要はないのである。研究所に夏季休暇はない。わが国立民族博物館においても、夏休みはないのである。

日常の勤務についても、ときどき誤解があるようである。大学の学部、とくに実験室をもたない文化系の学科の教員のあいだでは、国公私立をとわず、講義のある日だけ出勤すればよいという慣例が、かなりひろくおこなわれているようである。これもまた、教育活動のリズムにひきずられたものであって、研究所にはとうてい適用しがたい習慣である（梅棹前掲著作集、第二二巻、一一七頁）。

国立民族学博物館の教官は、教育公務員特例法を準用されている。それは、いろいろの点で一般公務員とことなるが、たとえば自分の意に反して免職されることはもちろん、転任されることもない。要するに、手あつい身分保障がおこなわれているのである。ここでは、だれからも弾圧をくわえられることもなく、自由に、のびのびと、学術研究をおこなうことができる。〔中略〕

しかしながら、このような制度は、一面ではおそろしいおとし穴をともなっていることを承知しておかなければなるまい。つまり、ひとたびこの種の機関に職をえたとなると、自分さえその気になれば、もうなにもしないでゆけるような構造になっているのである。一般の大学なら、すくなくとも講義の義務があるから、なにもしないというわけにはゆかないが、研究所は研究だけである。〔中略〕

じっさい、ある国立大学の附属研究所について、きびしい批判をきいたことがある。その研究所では、教官の大多数がそのような無為の状態におちいってしまっているという。その人たちは、定年退官までの人生をいかに優雅にくらすかということにもっぱら関心があり、盆栽や鉢植にばかり熱心であるというのである。盆栽や鉢植がわるいとはいえないであろう。しかし、それではやっぱりおかしいのではないか（同巻、一二〇頁）。

研究者の士気をたかい水準に維持するために絶対必要なことは、研究業績に対する批判と評価を、つねに組織の内外の両側からうけることであろうとわたしはかんがえる。研究者たちはそれを虚心坦懐にうけいれなければならない。それによって、研究者たちは自分たち自身の客観的な位置づけをおこなうことができるからである（同巻、一二六頁）。

さきにのべたような安定退廃現象によって、その学問的活力がいちじるしく低下した例もみられる。その原因のひとつは、大学内部における評価システムの欠如ということにもとめられるのではないか。外の評価は、学界その他の存在によってまだしもおこなわれる。問題は内部の評価である。内部は、それぞれ講座制あるいは学科制に細分されていて、それぞれ専門の独自性が保障され、周囲の口だしや、批判をゆるさない構造になっている。典型的なコンパートメンタリズムである。

このコンパートメンタリズムが諸悪の根源ではないかと、わたしはみている。コンパートメント(区画)のひとつひとつは、まさに独房である。独房における独居は、独善につながる。そして、その独善から研究の退廃がはじまるのである。われわれは、つねにコンパートメントの壁をとりはらい、風とおしをよくする必要がある(同巻、一二七頁)。

このように大学教員であればどこかで聞いたことのある批判が書き連ねられたあと、競争原理の導入、業績の公示といった、やはり大学の内外でさんざん聞かされた施策が講じられる。また別の機会には、次のような極論がなされる。

各個人について積算した総給与の半分を、実質研究経費と名づけ、それを総員について合算すると、一二億四〇六七万一八七五円になる。また、教官各個人の積算総研究成果のページ数を、全員にわたって合計すると、一万六五二七ページとなる。

いまもし、単純に実質研究経費の総額を研究成果の総ページ数でわると、一ページの学術情報の生産に要した費用が算出される。それを計算すると、七万四八六五円となる。これが一ページあたりの学術情報生産に際して、国家が支はらった金額の平均値である。〔中略〕

ページあたりの単価を個人について比較すると、もっとも研究成果をあげた個人では、一万七七七四円となる。それに対して、もっとも生産性のわるいケースでは、ページあたり一五三万四二五六円となった。〔中略〕

このような数字をどうよむか。

ページあたりの生産単価の個人によるばらつきは、ある意味でおどろくべきものがある。少数ではあるが、きわめて生産性のひくい個人が存在し、全体のコストの平均値をひきあげている。

いまもし、これらの単価を一般の原稿料と比較してみると、一ページあたり一万七〇〇〇円というのは、四〇〇字づめに換算すると六〇〇〇円見当となり、常識的な数値となる。個人の平均値をみると、おなじく四〇〇字づめ一枚が約六万四〇〇〇円となり、これはあきらかに常識よりもかなりたかい。単価のたかい例をみると、やはり四〇〇字づめの原稿用紙一枚につき約五一万円となる。これに、現在の文豪の原稿料の最高価格をはるかにうわまわるだろう（同巻、三四六〜三四八頁）。

乱暴な議論だと思われがちだが、教授に昇進すると先述した「定年退官までの人生をいかに優雅にくらすかということにもっぱら関心が」ある人文系教員はそここに見受けられたので、人文系教員を現実の世界に引き戻すにはうってつけの論法だと思われる。なおそうした教員の退職後のポストは、前任者の実績を考慮しほぼ埋められないというのが現状なので、筆者は「定年まで勤め下げた」教員と密かに呼んでいる。

研究倫理と人文系

こうしてみると、梅棹は教員の労働条件を改悪する文科省の先兵のように受け取る向きもあるかもしれないが、他方で研究者それぞれの立場を尊重する言葉も見られる。例えば研究会における討論の啓発について、梅棹は次のように言う。

これに関連して、はなはだ重要なことがひとつある。それは、他のメンバーの発言あるいはアイディアを徹底的に尊重するということである。研究会の席上で、うっかりアイディアをしゃべったら、さっさとほかのひとがそれをどこかにかいてしまった、というようなことがあっては、だれもよいかんがえをだ*さなくなってしまう。それでは、ブレーン・ストーミングはとうてい成立しない。

これは、研究会にかぎらず、日常の会話でさえそうである。学問の道にたずさわるものは、他の研究者の創意、業績に対しては、徹底的に尊敬をはらわなければならない。もし引用したい場合には、発言者の許可をえて、かならず名をあげて引用すべきである。おおぜいの討論によるもので発言者が特定しにくい場合は、かならずその共同研究班の名をあげて、その参加者全員に謝辞を表明すべきである（同巻、一四三頁）。

これは現在では研究倫理と言われているものに相当する。先に梅棹が提起した問題を改善するため、プロローグでも触れたように、目下人文系を含めた大学では科研費の獲得が奨励されている。それゆえ梅棹が危惧していた「盆栽や鉢植にばかり熱心である」教員の数はかなり減少したが、それでも科研費を多く獲得する有力グループが研究代表者の意に反する若手研究者の新規参入を許さなかったり、あるいは学科全体で科研を獲得することで自分に有利な人事をする環境を整えたりするような傾向が人文系では多々見られる。

言うならば第二章で触れた桑原武夫が『第二芸術』で批判した文壇ギルドが、時を超えて学術研究の場面に伝播した格好になっているわけであり、またこうした傾向は梅棹からすれば、「他の研究者の創意、業績に対しては、徹底的に尊敬をはらわなければならない」という提言とは正反対のものであり、身分に関係なく個々の研究者を尊重すれば、「研究者の士気」も高くなることだろう。最近になってある雑誌の特集で後輩に翻訳を依頼し、同じ雑誌の座談会でその翻訳をもとに断わりもなく、あたかも自ら読解したかのような調子で議論を展開する著名な研究者を見かけたが、そういう研究者は知ってか知らずか「学会ギルド」と呼ぶべきものの強化に加担している。

梅棹はまた研究を自らの趣味である登山にたとえて、次のようにも語っている。

研究の仕事は、ちょっと登山に似ている。目標の山をえらび、登路を検討し、日程をたてる。研究計画はこの段階に対応する。旅行資金を用意し、必要な道具を調達し、食料品を買いととのえる。そしていよいよ行動開始だ。これが研究遂行の段階にあたる。これらの仕事は、アラインゲーエン（単独行）かパーティーかに関係なく、どうしてもやらなければならないことだ。複数の登山者からなるパーティーの場合は、かならずリーダーシップが確立していなければならない。リーダーは、パーティー全員の健康、コンディションに留意し、食料・燃料などの消費状況を調整しつつ、じりじりとことをすすめなければならない。ぶじ登頂に成功できるかどうかは、まったくこれらのマネージメントの努力にかかっている。

〔中略〕

じつは、登山にもいろいろあって、なかには戦闘的アルピニズムをきらって、ひとり、ひそやかに低山を逍遥するというスクールがある。きっちりとした計画もなく、あてもなくあるきまわるたのしみは、また格別である。しかし、自分はそのようなやりかたでたのしく研究をやりたいのだという研究者があれば、それはまちがっている。アマチュア研究家が、自分の個人財産をつかって学問をエンジョイしようというのなら、それもよし。しかし、全額国費でまかなわれる研究を業務とする国家公務員としては、そのような低山逍遥趣味ではとおらないであろう。第一級の困難なピークに対して、計画的に、しかも果敢な攻撃をしかけるほかはない。しかし、たのしみといえば、そのような戦闘的アルピニズムにも、ひそやかなよろこびがかくされていないわけではないことも、しっておかねばなるまい。学問のたのしみというものは、むしろこちらのほうにちかいであろう（同巻、一五五〜一五六頁）。

恐らく各自の自主性が尊重されれば、梅棹の言う「学問のたのしみ」は自ずと享受されるだろう。むしろ問題なのは自由闊達な気風が長いあいだ人文系から消え去ったことであり、その原因は一部の識者の言うように文科省の横やりだけではなく、研究者の側に「周囲の口だしや、批判をゆるさない」独善的な「コンパートメンタリズム」を好む傾向があるからではないのか。そしてこの傾向は、残念ながら既存の教育・研究体制をいったん破壊しなければ修正されることはないようにすら思われる。

一部のあいだでは、上山春平ほどの秀才が文学部に残れば、京都学派の後継者に相応しいほど見事な哲学体系を打ち立てたのではないかとささやかれたことだろう。けれども天才の梅棹をして上山を「日本にはめずらしいキング・サイズの大怪物的思想家になりうるひと」と言わしめたのは、人文研における文理融合的な組織と、個人を尊重する気風なのであり、「人文系の危機」と言われるなかで、このことは十分に心に留め置くべきことに思える。

あとがき

筆者にとっては旧著『旅する木下杢太郎／太田正雄――グローバル時代の二足の草鞋』以来の、評伝めいた単著である。本著も外的要因が執筆動機となった。前著『京都学派』の執筆方針の打ち合わせのなか、担当の山﨑比呂志さんが戦後の京都学派についても目配りするよう要望されたので、以前親しんでいた上山春平を論に盛り込むことがひらめいた。さっそく著作集を購入して本格的に読み始めたが、広大なスケールの叙述をつなぎとめるキーワードがパース哲学と梅棹忠夫であることに気づき、あわせて新京都学派の紹介も兼ねるかたちの叙述となった。

前著のあとがきにも書いたように、筆者にとって上山は（当初は初期仏教という）学術研究の世界に導いてくれた最初の師のような存在である。その上山に便乗するかたちで、筆者自身も真言宗の信者として常日ごろより敬愛している空海を展開することも可能だったかもしれない。けれども上山が郷土の偉人であるはずの空海の研究に見切りをつけ、自らの理論を正当化する文脈で最澄を持ち上げたことを知り、身びいきをせず不偏不党の姿勢を貫くその学究の姿勢に脱帽した。それよりは旧著の影のテーマをグローバル人材育成にしたように、今度は人文系の危機と抱き合わせで上山を論じる方が、上山の意に沿っていると判断した。なお専門外の古代史の二次文献については、大学時代に日本史を専攻した妻から書誌情報を得た。

本文にも書いているように、筆者は今日の人文系の研究・教育体制におおむね批判的である。だからといって、自分を育ててきた文学部を廃止せよと言っているわけではない。けれども年々大きくなる教員の要求と学生の関心の落差や、世間からの期待と学内の要望のすれ違いなどを考慮すれば、この際人文系はいっそのこと解体的出直しをすべきではないかというのが、偽らざる心境である。ある人文系の教員が教え子の結婚式に呼ばれて祝辞を述べるなかで、死亡した高名な学者を話題にしたという、当事者からすればとても笑い話にならないエピソードを最近耳にした。考えようによってはこの教員自身が学会ギルドの犠牲者かもしれないが、こうした世間的に見て非常識な言動が、人文系教員の首を自ら絞めているのが実情だということを真剣に受け止めてもらいたい。

エピローグでは本書の主旨からいささか逸脱気味に、梅棹を引き合いにして哲学者のあるべき姿を論じたのも、同じような動機によるものである。ここでの梅棹の発言はあくまでも、国立民族学博物館が研究と教育という二つのミッションを有するという一般的な大学とは異なる、研究に専念する組織である点を前提としているが、目下文科省が主導する指定国立大学は研究の積極的な情報発信を求められているのだから、そのような大学では梅棹の提言の一つ一つが重みをもつものとして受け止められることだろう。こうした動きを受けて昨年の東北哲学会では「特別発表」の枠で「研究公正の理論的基盤の探求」と題した講演が講じられた。我が母校が中心となる学会が率先して研究倫理に取り組む姿勢を歓迎しつつ、今後の推移を注視していきたいと思う。

本書の内容の一部は京都大学の上原麻有子先生のお計らいにより一昨年の第二三回日本哲学史フォーラムにおいて「新京都学派の文明史観――世界史的立場との対比を通じて」の演題で口頭発表をおこなったものである。予想通り中堅以上の研究者は親しんでいた西田・田辺哲学とは別の位相の展開に当惑気味だったが、二次会の席で京大院生の山内翔太、吉川弘晃の両氏と有意義な意見交換をおこない、これをきっかけとして翌年秋の前著の合評会にまで漕ぎ着けた。新たな世代の知の台頭を祝福したいと思う。

このたびも晃洋書房の井上芳郎氏にはいろいろお世話になった。井上氏は折々に筆者の執筆を励ましてくれた。その激励に本書がいささかでも沿うことになれば、幸いである。

相次ぐ災害の復興の報道に一喜一憂する二〇一九年の初夏

菅原　潤

《著者紹介》

菅原　潤（すがわら　じゅん）

1963年　仙台市生まれ
1996年　東北大学大学院文学研究科博士課程単位取得退学
1998年　文学博士（東北大学）
長崎大学環境科学部教授を経て
現　在　日本大学工学部教授

主要著書
『昭和思想史とシェリング――哲学と文学の間――』（萌書房，2008年）
『「近代の超克」再考』（晃洋書房，2011年）
『弁証法とイロニー――戦前の日本哲学――』（講談社選書メチエ，2013年）
『旅する木下杢太郎／太田正雄――グローバル時代の二足の草鞋――』
（晃洋書房，2016年）
『京都学派』（講談社現代新書，2018年）

上山春平と新京都学派の哲学

2019年9月10日　初刷第1刷発行　＊定価はカバーに表示してあります

著　者　菅　原　潤©
発行者　植　田　実
印刷者　藤森　英夫

発行所　株式会社　晃　洋　書　房
〒615-0026　京都市右京区西院北矢掛町7番地
電　話　075-(312)-0788番㈹
振替口座　01040-6-32280

装丁　浦谷さおり　組版　金木犀舎
印刷・製本　亜細亜印刷（株）

ISBN978-4-7710-3268-2